Tobias Senn

Ich bin - Gedanke & Schöpferkraft

Mein Weg zur Liebe

Amen - Te Tra Gram Ma Ton - So sei es - Ho o pono o pono – A mi to foa - Aloha - Namaste

IMPRESSUM

© AbisZ-Verlag
3., überarbeitete Auflage 2015

Autor: Tobias Senn

Herausgeber, Buchgestaltung und Cover:
Johannes Rösler, AbisZ-Verlag, Media-Design Rösler
www.AbisZ-Verlag.de
www.media-design-roesler.de

Herstellung und Verlag:
BoD - Books on Demand, Norderstedt

ISBN 978-3-735794529

Buchinhalt

Vorwort & Ausführungen / Worte von mir an Dich   7
Die alte Welt   14
Die neue Welt   15

Teil 1 – 19 Elementale - Vom wilden zum befriedeten Geist   18

Teil 2 – Die heutige Welt   42

Teil 3 – Meine Offenbarungen   63

Teil 4 – Abschliessende Ausführungen   125

Teil 5 – Begleiter auf dem Weg zur Liebe   138

Teil 6 – Heureka, ich habe es gefunden   162

Teil 7 – Die Götter, die uns erziehen   186

Anhang & Danksagung   200
Über den Autor dieses Buches   206
Projekt und Stiftung „our-world"   208

Vorwort & Ausführungen / Worte von mir an Dich

Dieses Buch wurde ermöglicht und legitimiert durch Erfahrungen wie Begegnungen - welche ich im Laufe der vergangenen 33 Jahre machen durfte. Erfahrungen - welche ich hauptsächlich mit & über Wesen - gekleidet & materialisiert in Form von weiblichen Körperlichkeiten - machen & erleben durfte. Weltlich gesprochen - nehme ich direkten Bezug auf meine Mutter - meine Ex-Geliebten - meine Ex-Frau & Freundinnen - die Chefinnen & Mitarbeiterinnen mit welchen ich leben, erfahren & erleben durfte und musste – alles ist gegeben & Geschenk.

Dieses Buch ist das Resultat des Erlebens eines Kapitäns - welcher sein Boot immer schnurgeradeaus segelt - egal was ihm begegnet oder was vor ihm liegt.

Von einem Menschen, der sich selbst als das absolut Relative und Wichtige - das Zentrum der Welt sieht und wahrnimmt.

Ich möchte allen - welche mir jemals begegnet sind - begegnen und begegnen werden - von ganzem Herzen danken - Ihr seid alle so wunderbar - Danke.

Ich möchte mich bei allen - die sich nicht verstanden - ignoriert oder gar schlecht behandelt fühlten - bei allen, die Angst vor mir hatten oder gar noch immer Angst vor mir haben - melden und sagen:

Fürchte Dich nicht - lass los - lass fliessen - lass zu und nimm Dich in Deiner perfekten und unvergleichbar wunderbaren Art und Weise als die Kunstform - die Du Dir ausgelesen hast an & lebe - leuchte & scheine, Amen.

Ich möchte mich beim Universum bedanken.
Bedanken dafür - dass es mir bedingungslos zur Seite steht - mich nicht bewertet - mich nicht einschätzt oder vergleicht.
Ich möchte mich bei all den Engeln & anderen Wesen bedanken, welche mir in Form von Energie & Licht - in Form von Orbs oder ins organische Bewusstsein eingeschleuste Information, in Form von Türwächtern und feinstofflichen Wegbegleitern und WegbereiterInnen zur Seite stehen – Danke für eure Aufopferungsbereitschaft & Selbstlosigkeit.

Ich bedanke mich namentlich bei meiner Mutter Marianne, meiner Ex-Frau Dorothea, meiner langjährigen Partnerin Angela, meinem Kampfkunst Meister Jürg, meinem spirituellen Meister Sascha, meinen Engeln Adrian, Christian, Stephanie, Connie & Mea & natürlich allen Dualseelen, die meinen Weg begleiten.

Und wie besagt, bei allen und jedem was mir je begegnet ist, begegnet und begegnen wird.

Die Schreibweise
Ich wünsche mir, dass jeder mich versteht

*J*ch formuliere bewusst möglichst wertfrei & achte mich auf das Weglassen von negativen Formulierungen sowie Fremdwörtern.

Wenn ich Wörter und Formulierungen verwende, welche mir schwer verständlich erscheinen, dann sind diese vielfach am Ende der Seite aufgeschlüsselt und ausformuliert.

Ich habe mich für diese Schreibweise entschlossen - da mein Leitfaden das gefühlte und liebende Erfahren & Erleben sind.
Und für mich bedeutet das, mich wertfrei und so einfach wie möglich auszudrücken – es bedeutet für mich, dass dieses Buch und dessen Inhalt für Dich geschrieben sind & ich mir wünsche, dass Du dem Inhalt & den Aussagen wie Modellen jederzeit folgen kannst.

Ich wünsche Dir als Leser anhand der beschriebenen Umstände dieses Buch zu fühlen & nicht im klassischen Sinn zu lesen.

Schaue mit Deinem ganzen Wesen in die Zeilen und Seiten – Kapitel - Abschnitte & Themen hinein - Entspanne Dich & geniesse

Einleitende Gedanken & Gefühle – Ich bin
Sieben Teile – Gedanke & Schöpferkraft

Dieses Buch kam als Bestandteil von einer grossen Vision zu mir. Die Vision ist wiederum das Resultat aus bewusstem Denken – welches ich pflege – lebe & welchem ich entspreche seit ich dies kann – das datiert sich zurück auf mein 15. Lebensjahr. Zuvor erlebte ich einfach & wurde vom Leben getragen – danach erlangte ich die Fähigkeit mitzugestalten und wesentlichen Einfluss auf mein Erleben zu nehmen – nicht im Sinne von gesellschaftlichen Interessen – sondern im Sinne von sich erinnern & sich heilen und eins werden.

Geld hatte für mich zu keiner Zeit einen Sinn – ebenso wie Zahlen oder die Begebenheiten der mich umgebenden Gesellschaft - welche zu mir gelangten.
Ich versank für lange Jahre in mir selbst – war beschäftigt mit Fragen dem Leben gegenüber – war beschäftigt, einen Sinn zu finden, welcher dieses Leben rechtfertigte – erklärte & sinnvoll machte.

Wir alle arbeiten um Geld zu verdienen – auf dem Weg in die Arbeitswelt geben wir unser Potenzial mehr oder weniger freiwillig auf – wir vergessen und verdrängen unsere Träume und Ideale – wir lernen, sie Utopien zu nennen und uns zu unterwerfen.

Vielfach wissen Menschen, welche dann nach langen Jahren des Verrichtens von Arbeit – zu dem Zeitpunkt, den wir hier in der Schweiz – wie in anderen Ländern – Pensionierung nennen – dem Leben keinen Sinn mehr zu entnehmen – manche konnten ihre Herzen bis dahin erhalten und sich wieder zu ihrem vollen Potenzial entfalten – andere haben die Offenheit, sich dies zeigen zu lassen & gelangen so wieder zu ihrem Potenzial – während wieder andere einfach transformieren und gehen – manche gelangen gar nicht zu diesem Punkt.

Die Generationen, die vor mir lebten – sind die, welche den Wohlstand erschaffen haben, aus dem ich nun heraus arbeite – Sie haben die Möglichkeiten erschaffen, welche wir heute haben – und an dieser Stelle danke ich ihnen aus tiefstem Herzen, diesen emsigen, fleissigen & disziplinierten Menschen – Danke euch allen für eure Opferbereitschaft – Ihr habt eure Seele und euren Leib gegeben für die neuen Generationen – Ihr habt die Möglichkeit erschaffen, dass jegliches Sein auf dem Planeten Erde gut und zufrieden leben kann.

Nun ist es aber so, dass die Ressourcen nicht aufgeteilt werden – dass Modelle für Alternativlösungen zerschlagen – aufgekauft und verschwiegen werden – dass die Kontrollorgane des Weltennetzes Individualität und dadurch erzeugten

Umschwung verhindern & dies im Namen von Wissenschaft – Sicherheit – Ökonomie – Prävention & Staatsinteresse.

Dies löst in vielen Menschen Unzufriedenheit aus – Wut & Verzweiflung. Doch sind es nicht genau diese Gefühle, welche die Welt – den Menschen und alles andere Sein auf unserem Planeten zerstören?
Meiner Meinung nach ja – und meiner Meinung nach gibt es eine Lösung – eine Lösung, die immer & zu jedem Zeitpunkt funktioniert – den Weg zur Liebe – hier ist die Liebe zu sich selbst gemeint – und so zu allem, was da ist.
Dieser Weg ist individuell und so gibt es ihn – wenn wir ihn zusammen beschreiten – in gegen 7 Milliarden Versionen – entsprechend der Zahl der Menschen, die auf unserem Planeten leben – was ich damit sagen will –ich bin nicht der, der Dir die Lösung aufzeigt – sondern einer, welcher Dir seine Lösung als Inspiration wiedergibt und zur Verfügung stellt – auf dass Du in Dir zur Liebe finden mögest – der Liebe zu allem, was da ist.

Ich weiss, dass ich nichts weiss & ich folge mit meinen Worten den Philosophien des Hinduismus – des Buddhismus – des Christentums – des Judentums wie des Islams – ich folge und entspreche der Botschaft der Liebe – welche die Botschaft aller Religionen und Philosophien der Welt ist – seit immer – Jetzt – und in aller Ewigkeit – bloss, dass wir soweit instrumentalisiert und geblendet sind durch uns selbst, dass wir die Liebe nicht sehen – geschweige denn fühlen können.

Und um diese innere Verblendung dreht sich dieses Buch – denn Ich bin der Schlüssel zum Glück – Ich bin das Hindernis, das mir im Wege steht – Ich bin der, welcher mir im Wege steht – Ich bin die Person, die mich leiden lässt & Ich bin die Person, die sich widernatürlich gegen mich selbst wendet.

Auf meinem Weg hatte ich manche Begegnung in Form von verbaler – geschriebener wie digitaler & feinstofflicher Form, welche mich an den Punkt brachte wo ich jetzt bin – die calle augulliera in Barcelona – wo meine Finger jetzt diese Zeilen tippen.

Auf meinem Weg hierhin begegnete ich Irrsinn wie Schwachsinn & Wahnsinn wie Wahnwitz – Schmerz & Leid – Freude & Enthusiasmus – Liebe & Klarheit. Vereinigungen passierten genauso wie Trennungen – mein Umfeld wandte sich ab von mir – Familie wie Freunde – um dann wieder in Vereinigung zu kommen. Viel Lachen & viel Weinen begleitet mich auf diesem Weg & das Einzige, auf was ich mich stütze, ist meine innere Gewissheit, mir selber zu entsprechen – meine innere Gewissheit, dass dies das Beste ist, was ich kann – zum jetzigen Zeitpunkt - entsprechend den Visionen und Kontakten mit der feinstofflichen Welt zum einen & als Gegenpol mit der physischen Welt zur anderen - welche ich machen durfte über die vergangenen 12 Jahre.

Mit diesen Erfahrungen gingen Grundsatzentscheidungen einher – welche ich im Alter zwischen 16 & 18 fällte.

Die Entscheidung, immer auf mein Herz zu hören – immer meiner inneren Stimme zu trauen – dass nicht die schwarze – sondern die weisse Magie meine Heimat & mein Bestreben ist – dass ich zu jeder Zeit für meine Ideale sterben würde – in Ehren & ohne Bedauern – jeden Tag zu geniessen als wäre es mein letzter – jeden Traum, welchen ich habe zu leben – zu helfen, wenn ich helfen kann & gefragt werde.

Ich bin zum Schluss gekommen, dass für mich schwarze Magie gleichzusetzen ist mit Kontroll-, Hab- & Gewinnsucht, während weisse Magie für Zufall, Fügung & Erfüllung durch Entspannung & Vertrauen in das Universum, Gott, Allah, Buddha, Mohammed, Christo, Vertrauen in das Sein resultiert.

Dass die schwarze Magie also für eine forcierte - eine erzwungene Massnahme steht, während die weisse Magie für eine logische Konsequenz, resultierend aus innerem Frieden und Liebe, Lust & Freude zur Welt entsteht & passiert.

So - Jetzt mal Schluss mit dem Geplapper & Geschnatter – der innere Wandel ist ein mentaler Prozess – es geht um das Ablegen des Ego – welches für mich gleichzusetzen ist mit der Ratio, dem Intellekt und dem Denken wie es in meinen Breitengraden definiert und umgesetzt wird – es geht, einfach formuliert – darum, den Verstand zu verlieren.

Ich unterstütze – helfe & entscheide vorzu – weisse Magie ist Tun frei von Absicht & Widerstand – sich selbst und so dem Universum entsprechend – unaufhaltsam und unendlich im Umfang & der erzeugten Resonanz.

Für mich ist der Weg, den ich in diesem Buch aufzeige, von grossem Gewicht, da das Umsetzen von diesem Voraussetzung ist - um in die Welten des Äthers & dessen Fein-Stofflichkeit einzutauchen.
Einfach ausgedrückt geht es darum, all meine Gedanken zu akzeptieren – sie alle freizulassen – und so alle Ängste abzulegen. Es geht darum, alle Konflikte, welche mit Schmerzen verbunden sind – die in der Vergangenheit passiert sind – aufzulösen & so zu heilen – sprich in die Liebe zu stellen & dann die Familienbanden aufzulösen – denn wir sind durch sie gebunden in Erfahrungskreise – welche wir – ihnen entsprechend – wiederholen & an unsere geliebten Kinder weitergeben.

Meiner Meinung & meinem Fühlen nach ist es seit 2012 möglich – anhand der erhöhten Energien, welche uns tragen und leiten – Karma komplett abzulegen und als aktiver Schöpfer & aktive Schöpferin in den Prozess des Weltenfriedens einzutreten & so massgeblich am Prozess des Friedens und der Liebe zu allem was ist – als kollektives Bewusstsein – teilzunehmen – nicht als Einzel-Individuum – sondern alle gemeinsam – getragen von Mutter Erde.

Weshalb das für mich wichtig ist – das ist eine Frage, die ich mir ja selber immer mal wieder stelle – nun – weil ich an diese Möglichkeit glaube – weil ich erlebe, dass diese Möglichkeit besteht & dass Veränderungen passieren – im Sekundentakt & weil ich als Mensch – ja ich habe einen menschlichen Körper – als höchstes Interesse den Weltfrieden – die Gesundheit des Planeten auf welchem ich lebe & das Überleben & die Gesundheit sowie die Unversehrtheit der menschlichen Rasse habe.

Ich gehe hier nicht weiter ein auf die Unendlichkeit der Seins-Formen, welche noch mit uns hier Leben – denn dies ist nicht das Thema dieses Buches. Dieses Buch dreht sich um den nächsten Schritt in der menschlichen Evolution – um die Entwicklung – sprich das Erinnern – des Bewusstseins & so das Öffnen des Herzens.
In diesem einleitenden Teil füge ich Erinnerungen ein, welche im Laufe der vergangenen zwölf Monate zu mir gefunden haben. Die Erinnerungen (in Form von Eingebung & Visionen) an die alte und die neue Welt.

Von grosser Wichtigkeit ist für mich das Bewusstsein – dass alles was je passierte – was passiert & was passieren wird – als Resultat der Notwendigkeit – erzeugt durch die Dichte – die Dualität in der wir leben – zu betrachten ist.
Es gibt weder gut noch schlecht – wenig oder viel – schnell oder langsam – gross oder klein – böse oder lieb – alles ist schlichtweg.

Die Ausführungen, bezugnehmend auf die alte & die neue Welt, füge ich hier ein, da sich der Inhalt dieses Buch auf Erinnerungen an die alte Welt stützt – bekannt aus Science Fiction – aus Sagen und strittigen – nicht anerkannten Überlieferungen – Märchen & Mystik & ebenso in den Welt-Religionen und deren Überlieferungen – alles ist Interpretation & Du entscheidest Dich, welche Brille Du tragen & wie Du dadurch Dein Erleben gestalten willst – ich danke Dir aus tiefstem Herzen – Namaste.

Während dies alles, was in diesem Buch niedergeschrieben & ausformuliert ist – sich an die neue Welt richtet – und die Botschaft ist – wie es in der unendlichen Geschichte (Michael Ende) beschrieben wird – wie wir aufhören zu träumen, zerfallen unsere Welten – hier meine Träume für Dich – für Euch – für alles, was da ist – im Namen des Weltenfriedens – im Namen des Seins & in tiefer Liebe zu allem, was da ist.

Die alte Welt
Hinduismus – tibetischer Buddhismus – chinesischer Buddhismus - das goldene Zeitalter

Der Tod ist die logische Konsequenz des Lebens. Er ist, wie die Geburt, ein gegebenes und einzigartiges Erlebnis – ein Wunder. Unser Erleben innerhalb der Ebene der Dichte – in der Welt der Materie – innerhalb der Dualität ist ein Lehrfeld. Es ist stark beeinflusst durch das Karma, welches wir uns im Verlaufe unserer vorangehenden wie in diesem Leben ausgesucht & gesammelt haben. Die Seele hat sich für dieses Erdenleben mit allem, was dieses mit sich bringt, entschieden. Wir haben uns dafür entschieden – in demütiger Hingabe – in reiner Liebe & bei vollem Bewusstsein.

Wir können uns nicht daran erinnern, dass wir so getan – genauso wie wir uns nicht an unsere vergangenen Leben erinnern können.

Die erste – klarste – und am tiefsten verankerte Aufgabe ist das Überkommen jeglicher Versuchung.

Es gibt vier Jogawege im Hinduismus – den Weg der Energiearbeit im tibetanischen System – und den Weg des Shaolin Kung Fu im chinesischen Buddhismus & den Weg der Liebe – Dieser wird in verschiedenen Schriften (Indien – Europa – Judentum) erwähnt & beschrieben (darauf bin ich nach dem Schreiben des Buches & Festlegen des ursprünglichen Titels – „Mein Weg zur Liebe" (s. Innenseite) – gestossen).

Die aufgezählten Wege sind das, was mir bisher bekannt & geläufig ist – folgend der Gewissheit, dass alles eins ist – möchte ich diese Aufzählung beschliessen mit: die Unendlichkeit der Wege zum Ziel ist die Endlichkeit der Wege.

Der Weg ist das Ziel – doch was ist denn das Ziel? Das nicht Wissen und nicht Benennen – das nicht Verbindliche des Ziels & trotzdem fähig und mutig sein – frei & ohne Widerstand - zielstrebig darauf hinzuarbeiten – sich nicht abbringen zu lassen – den Fokus in Liebe beizubehalten und beständig bei sich selbst zu sein – mit seinem Herzen als Kompass.
Das ist mein bescheidener Versuch, den Weg der Liebe zu beschreiben.

Der tibetische wie der chinesische Buddhismus sprechen vom Nirwana – das einem als logische Konsequenz – folgend aus Liebe – Zuneigung – Hingabe & Demut zu allem, was da ist – aus Meditation – Gelehrsamkeit – studieren der alten Schriften & einem enthaltsamen Leben als Mönch – widerfahren kann.

Der Übergang ins Nirwana bringt das Aussteigen aus dem Lebenszyklus der Erdenwesen mit sich – man kann danach vielleicht in anderen Sphären des Planeten – als Erde – als Wind – als Feuer – als Holz oder Wasser inkarnieren, wenn man dies wünscht – oder als Spirit & Bewusstsein verweilen, um die Wesen auf dem Planeten Erde in ihrer Entwicklung auf dem Weg zur Liebe zu unterstützen. Oder man kann dahin zurückkehren, von wo man kam, um seine Erfahrungen auf der Erde zu machen.

Dies ist, was meine innere Gewissheit mir sagt – und ich weiss, dass ich nichts weiss – und ich danke Dir, dass Du Dir Zeit nimmst, Dein Wesen – Dein Sein & Dein Herz mit auf diese Reise zu nehmen – mit & hinein in & durch dieses Buch – Namaste.

Diese Reise und Erfahrung kann während dieses Lebens – im Erleben dessen – grosse Unsicherheiten & Unklarheiten bewirken – gerade deshalb, weil Du dadurch nicht mehr an den (un)natürlichen Zyklus des Seins glaubst & ihn wortwörtlich verwirfst.

Die neue Welt
Griechische Sagen – nordische Überlieferungen – Rom – das Christentum

Die neuen Welten brachten das Bewusstsein für Besitz – individuelle Freiheit & Entwicklung sowie Macht – auch diese wieder als individuelles Gut.
Mir ist völlig klar, dass diese Entwicklung nicht von heute auf morgen passierte & sie genauso Einzug hielt in den alten Welten – und was daraus entstand, waren die neuen. Kein Prozess passiert unabhängig vom vorangehenden, denn alles ist ein Band – ein ganzes Teil & alles bedingt einander & hängt voneinander ab.
Meinen Eingebungen entsprechend beschreiben die griechischen Sagen das Auseinanderbrechen der Welten – die Götter verlassen die Erde und leben im Olymp – sie kommen noch zur Erde und zeugen Kinder – sodass Halbgötter entstehen und weiterwirken auf der Erde – doch alles ist sehr kriegerisch und auf Macht – Ruhm – Ehre und Einfluss ausgelegt. Der Krieg der Welten ist entbrannt und die Erdenkinder erfahren grosses und nicht endendes Leid & die Welt der Götter wird je länger je mehr unzugänglich und entschwindet.

In den nordischen Überlieferungen – in welchen ich mich bei Thor nicht gut auskenne – finden wir die Götter wieder – auch da passiert ein reger Austausch – es scheint, als dass – Jahrtausende später – wieder ein reger Austausch zwischen den Welten passiert – allerdings stets resultierend in Krieg – Auseinandersetzung

und Leid. Und dann kommt das römische Reich – welches zu Beginn noch an verschiedene Götter glaubt – doch schon viel des alten Wissens und der alten Glaubensstrukturen zerstört – vernichtet und ausgerottet hat – im Namen der Cäsaren – Ave.
Ein kriegerisches Volk – welches von archäologischer Seite her für Entwicklungen und Errungenschaften gelobt wird – welche wir aber in höherer und weiterent-wickelter Form schon in weit älteren Siedlungen auf z.B. Kreta finden.

Anschliessend das Christentum – welches von regem Austausch mit anderen Welten berichtet – anhand von Feuer am Himmel und Pferdegespannen, die von eben diesem Himmel stiegen & so weiter und so fort (genauere Beschreibungen – Erich v. Däniken).

Das Christentum wird blutrünstig und in Form eines unendlich machtgierigen Instrumentes eingesetzt. Kulturen werden ausgelöscht und unterdrückt – Glau-benssysteme werden weltweit als primitiv und ketzerisch – als blasphemisch bezeichnet – und ersetzt durch den Glauben an den Sohn Gottes – den man zu seinem Leid – bis heute am Kreuz hängen lässt – das gekreuzigte Sinnbild der Liebe – Im Namen eines Gottes, der für Liebe steht – und in dessen Namen die Welt unterworfen und bezwungen wird – und wer an ihn glaubt wird nicht frei, sondern schuldig – es ist ein bis heute andauerndes Lied.

Seit sich die Vergangenheitsforschung erinnern kann – ist die Frau unterdrückt und wird benutzt. Manche Kulturen schreiben ihr ein wenig mehr Wert zu als andere – während die Frau in manchen Kulturen des Heute noch immer weniger Wert hat als ein Glas Wasser – oder eine Kartoffel – hat auch hier – das Chris-tentum einen wesentlichen Beitrag dazu geleistet– dass, auch wenn wir die Frau über Emanzipierung und Gleichberechtigung erheben und eingliedern – sie auf ewig verdammt bleibt – doch dazu nehme ich im Verlaufe des Buches (Teil 2) genauer Stellung.

An dieser Stelle möchte ich mich mit Nachdruck wiederholen. Alles ist Teil der Notwendigkeit innerhalb der Dualität – denn es hat uns als Kollektiv dahin ge-bracht wo wir heute sind – vor den nächsten Schritt in der Evolution – Liebe zu allem was da ist.

Hierzu ein Zitat Buddhas:
Auf eine andere Person wütend zu sein ist wie wenn Du Gift trinkst und erwar-test, dass die andere Person langsam und elend daran zugrunde geht.

In Frieden bin ich gekommen & gekommen bin ich um Frieden zu erschaffen
– zuerst in mir und dann in der Welt, um dann in Frieden wieder zu gehen – dies
ist meine mir selbst zugeschriebene Bestimmung und mein Lebenswerk – Aloha.

Teil 1 – 19 Elementale - Vom wilden zum befriedeten Geist

Einleitende Gedanken & Gefühle in den ersten Teil   18
Die Gedankengänge   21

1. Ego   23
2. Hass   24
3. Wut   25
4. Enttäuschung   26
5. Hoffnung   27
6. Wille   28
7. Absicht   29
8. Liebe   30
9. Trennung   31
10. Wiedervereinigung   32
11. Achtsamkeit   33
12. Energie aussenden   34
13. Zwei Gesichter   35
14. Körper & Körperwelten   36
15. Physisches Sein   37
16. Frei von Widerstand   38
17. Leben   39
18. Heilung   40
19. Frei von Ego   41

Einleitende Gedanken & Gefühle in den ersten Teil
Das Arbeiten mit Gedanke – Poesie & Philosophie – das Konditionieren des wilden Geistes

*J*ch heisse Dich in tiefer Demut – grosser Freude & voller Liebe im ersten Teil dieses Buches willkommen.

Dieses erste Kapitel nimmt direkten Bezug auf den einzelnen Gedanken in unserem Kopf. Ich spreche bewusst von Gedanke, um ihn fassbar & bearbeitbar zu machen. Denn wenn ich auf Tausende und Abertausende von Gedanken und ihre Wege & Windungen eingehen würde – wären die Inhalte und so das Resultat nicht erfassbar zum einen – und zum anderen würde ich vielleicht meiner intellektuellen und philosophischen Leistungen gewürdigt – dies ist jedoch nicht mein Ziel.

Mein Ziel ist, meinen Weg von der Angst in die Liebe – auf transparente und verständliche Art und Weise weiterzugeben. Dies im Namen des Weltenfriedens – im Namen der Erde – unseres Universums – und allem Leben, das sich innerhalb wie ausserhalb dessen befindet.

Der wilde Gedanke treibt und klagt – komplimentiert – wertet – schätzt und urteilt zugleich. Auf dem Weg zum befriedeten Gedanken erwartet Dich Vieles und eben genau dadurch auch Unerwartetes und Schmeichelhaftes – Süsses wie Saures – und am Ende die Liebe zu allem, was da ist – als Bewusstsein.

Am Ende erwartet Dich die Fülle in Deinem Herzen – das Verstehen & Lieben Deines Selbst als Körper wie Geist – die Antworten auf alle Fragen, die Du immer hattest – das Vertrauen in die Welt, erschaffen durch das Vertrauen in Dich selbst. Da wartet eine Persönlichkeit & ein Sein auf Dich – Dein Schöpfer der Du bist.

Abschliessend & so eröffnend ein paar Anekdoten zum Prozess vom wilden zum ruhigen Gedanken:

1. Erkennen – benennen – annehmen – verstehen – zuhören – nachfragen – hinterfragen – nachhacken – neu formulieren – setzen lassen – durchatmen – fliessen lassen
2. Alles ist normal was in mir ist – alles was in mir ist - ist Bestandteil des Wunders, das ich bin
3. Gedanken sind der Ursprung unseres Verhaltens und bestimmen unser Tun und Lassen
4. Negierter Gedanke dupliziert sich im Unterbewusstsein & schlägt vervielfacht wie unerwartet zurück
5. Negierte Situationen duplizieren sich da wo wir es nicht wahrnehmen können & schlagen vervielfacht zurück
6. Jeglicher Gedanke, den ich verweigere & unterdrücke, ist Potenzial wie Energie, welche ich blockiere & unterdrücke
7. Unterdrückter & blockierter Gedanke entwickelt sich ungesehen in meinem Unterbewusstsein zu einer Gedankenform, die unkontrollierbar wird
8. Wilder Gedanke = wildes Meer
9. Befriedeter Gedanke = total flaues Gewässer
10. Wenn die wilden Gedanken den Zugang zum Herz = Spirit = Seele kappen, kann psychische (med. Definition in den westlichen Gesellschaften) Krankheit entstehen = Schizophrenie = psychotische Schübe = Paranoia = Alkoholismus = andere starke Suchtverhalten = unkontrollierte neurotische Störungen = starke Depression = manisch – depressive Störungen

11. Die Arbeit mit Gedanken ist eine spielerische Angelegenheit wie alle spirituellen = liebevollen Prozesse / Du handelst wie Du denkst / Dein Handeln ist das Resultat Deines Denkens / achte auf Deine Gedanken / Dein Gedanke ist der Schöpfer Deiner Realität – die Arbeit mit Gedanken hat zum Ziel, den Bewusstseinsfilter –egal was er jetzt ist und darstellt – in Liebe umzuwandeln – denn Liebe ist zwar wohl bekannt als Wort – als Sache – als Zustand oder Umstand – als Gefühl oder Emotion – jedoch selten als Grundlage des Seins – als Carpe Diem – als Bewusstseinszustand – und das war mein Ziel mit – in & durch mein Arbeiten.
12. Liebe all Deine Gedanken – Sie alle sind wesentlicher Bestandteil Deines Selbst & so Deines Ich bin & so wiederum Deiner Persönlichkeit.
13. Das Bewusstsein der Liebe steht in direktem Austausch mit dem Herzen & der Akasha Chronik – es ist frei von Karma.

Gedanken entspringen Erfahrungen & bauen sich um diese auf – Du hast die Möglichkeit, Dir jederzeit zu erlauben, diese Erfahrungen zu erkennen & daraufhin neu zu gestalten – in der Computersprache würde das einem Reboot gleichkommen & dazwischen wird per Eingabe neu formuliert. Im Erleben ist das Eingeben gleichzusetzen mit dem Erleben neuer Situationen bezüglich desselben Themas (Psychologie - C.Rogers). Als Anfang ist zu empfehlen, dass die Erfahrung, die überschrieben werden soll – erst freigelegt wird (Psychologie – S. Freud) – denn so wird sie um ein Vielfaches mehr bearbeitbar.
Mein Antrieb in all dieser Entwicklungs-Arbeit war die Ideologie – der Traum, dass nicht der Gedanke mich stets antreibt und lenkt – sondern dass ich meinen Gedanken sagen kann, was ich von ihnen möchte und was sie zu tun & zu lassen haben – was bei weitem noch nicht so funktioniert wie ich mir das vorstelle – doch ich habe mittlerweile das letzte Wort – Gedanken überfallen mich nicht und ich geniesse oft Momente & Meditationen – frei von Gedanken – Danke.

Die 19 Texte, die Dich durch dieses erste Kapitel begleiten & tragen, stehen für mich symbolisch – in der Reihenfolge wie sie abgedruckt sind – für den Weg von der Angst in die Liebe – von den schmerzhaften in die wohltuenden – von den schlechten in die guten Gefühle.

Die ersten 12 Bilder stehen für das Verstehen & so das Überwinden der grobstofflichen Elementale (Materie) & die Bilder 13 – 19 für das Verstehen & so Überwinden der feinstofflichen Elementale (Äther).

Die Texte sind entstanden im Zuge der Umsetzung meiner Vision, welche mich zurück in mein Zentrum & hin zu meiner inneren Gewissheit führten – welche ich wieder gefunden habe & freisetzte mit dem Beenden des Kunstprojektes – welches auf das Schreiben des Buches folgte. Langer Rede kurzer Sinn – die Texte sind den Bildern des Kunstprojektes zugehörig.

Das Buch ist die Projektion des Weges zur Liebe im Innen (Ego – Intellekt – Denken – Ratio) – die Kunst ist die Projektion des Weges zur Liebe im Aussen (Herz-Ebene).

Fühle Dich geliebt – getragen & geführt – Du bist unendliches Potenzial & heilige Schöpfungskraft – Du bist Liebe sowie Liebe ist

Die Gedankengänge
Nicht von Gedanke gelenkt werden, sondern Gedanke erschaffen & lenken

Dieses erste Kapitel möchte Dich begleiten auf dem Weg vom wilden zum befriedeten Gedanke – es möchte & darf Dir Krücke sein auf dem Weg, Deine eigenen Gedanken zu zivilisieren – oder wie es der Hermetiker (Alchemie) nennt – auf dem Weg vom Stein zum Gold – vom Schlafenden zum Erwachten.

Die ersten vier Texte drehen sich um das wichtigste Element – Sie widerspiegeln die allgemein als schlechte Gefühle & Eigenschaften benannten Themenkreise. Sie zu überwinden gilt es – sie in Liebe anzunehmen und aufzulösen – was mit sich bringt, dass sie transformiert & in die Liebe gestellt werden. Dieser Prozess ist der Schlüssel für alles, was danach darauf aufgebaut wird – denn wenn die Wurzeln der Pflanze faul sind – wird sie nicht in ihrer vollen Blüte und Pracht erstrahlen können.

Text fünf (S. 27) bis acht (S. 30) stellen wiederum die Grundbasis für die nachfolgenden vier Texte dar – anschliessend folgen sieben feinstoffliche Bilder, welche Bewusstseinszustände repräsentieren auf dem Weg zum unendlichen inneren Potenzial – dem Weg zur Liebe.

So wie im Frieden & der Liebe der ersten vier eine Verschiebung passiert, beginnt der Prozess von neuem – es ist übrigens auch völlig normal, dass die ersten vier immer wieder verschoben werden, denn das Leben ist ein Entwicklungsprozess.

Jedes Mal wenn Du, wunderbares Sein, einen Entwicklungsschritt abgeschlossen hast – beschreitest Du – verletzlich und naiv wie ein kleines Kind – eine neue Erfahrungsebene – Du wirst konfrontiert mit neuen Aufgaben und Themenkreisen

– und am Anfang der Reise kann es gut geschehen, dass die ersten vier immer wieder mit ihrer Ur-Essenz – Schmerz – Wut – Verwirrung – Eigennutz – Selbstsucht -& Angst versehen werden – dies darf dann in Liebe aufgelöst werden.

Alle Thesen & Modelle sind entstanden aus dem Wunsch & so Bewusstsein
- während diesem Leben ins Nirwana – den Himmel – das Paradies – Avalon – Atlantis – das goldene Zeitalter einzutreten – meinen Beitrag zum Weltenfrieden zu leisten, in dem ich das Beste was ich kann – dafür tue & nach meiner Transformation (Tod) – nicht mehr als Sein auf der Erde inkarniere – aber in die Liebe eingehe.

Ich danke Dir, Du wunderbares Sein und wünsche Dir schöne – runde – warme & bewegte Momente – Du bist wunderbar.

„Ego"

_Es ist allgegenwärtig,
Es ist mächtig,
und Es ist meist unsichtbar,

wenn Es sich zeigt,
dann in Momenten von
Zorn, Hass & Enttäuschung,
angetrieben von
Mangel, Angst & Zweifel,
Es präsentiert sich in voller Grösse,
als Wahnsinn,
als Irrsinn,
Wahnwitz und Selbst- & Geltungssucht

Es will uns bestimmen & leiten,
als kleines Kind,
als Selbstmitleid,
als Angst,
als vertrauter Freund in dunklen Stunden,
besucht Es uns,
begleitet von Worten wie,
ich will und brauche_

16.09.2012
T.Senn

„Hass"

_Er ist niederträchtig,
hinterhältig,
selbstsüchtig und blutrünstig,
Er ist eine der niederträchtigsten Ausgeburten...
...der Ableger des „Egoic" mind.
Er vernichtet,
zerstört,
ist unersättlich,
frei von Menschlichkeit,
erschaffen aus Angst.
Er schart Mangel,
Dunkelheit,
wie Schmerz und Verlust um sich,
um sie dann allesamt auf einmal,
in die Schlacht,
den aussichtslosen Kampf,
ums Überleben zu schicken,
blind,
taub,
frei und losgelöst,
von jeglicher Vernunft_

17.09.2012
T.Senn

„Wut"

_Unruhig,
fahrig,
unbesonnen,
heiser,
& doch mit kräftiger Stimme,
wild,
unbändig,
kaltblütig,
achtlos und fahrig,
blind und kräftig,
mit zitternden Armen,
springt sie Dich an & schüttelt Dich,
rüttelt durch und in Dir,
lässt Dich erzittern & beben,
stürmt durch Dein Sein,
lässt nichts und niemandem seinen Platz.
Sie brennt und leuchtet,
verzehrt alles was sich ihr entgegenstellt,
um dann lachend und grölend von dannen zu ziehen_

17.09.2012
T.Senn

„Enttäuschung"

_Sie ist zeitlos,
Sie bringt Stillstand,
& somit Umsicht wie eine Denk-Pause mit sich.
Sie kann irritierend wirken,
& genau dadurch Einsicht,
oder die Möglichkeit,
Neues,
Wunderbares,
Einzigartiges,
zu erkennen,
mit sich bringen,
Absicht zur Neugestaltung.
Sie ist überraschend,
unerwartet,
& unbeabsichtigt,
Sie kann Erleuchtung & Neuordnung mit sich bringen,
ermöglichen.
Sie kann neues,
verstecktes,
gar unbekanntes Potenzial freisetzen,
genauso wie festsetzen und wegsperren,
je nach mit Ihr,
& durch Sie gekoppelter Intention.
Sie ist immer ehrlich,
Sie ist ein Gefühl,
Sie ist unglaublich wichtig,
Sie ist unabdingbar,
denn sie ist wesentlicher Teil der Ebene der Bedingungen,
& so unseres Lebens und Er-lebens_

15.09.2012
T.Senn

„Hoffnung"

_Hoffnung ist Nährboden,
Hoffnung ist Trägersubstanz,
Hoffnung ist Antrieb,
Hoffnung ist Einstellung.

Voraussetzung für Lieben, Leben,
Erschaffen & Gestalten.

Sie ist flüchtig,
anschmiegsam & wärmend,
vertraut & wunderschön.
Sie lässt Dich leuchten & lächeln,
Sie hüllt Dich in den Schleier des Vertrauens & schützt Dich.
Sie ist einzigartig & bezaubernd,
Sie ist reizvoll & elegant.

Sie ist wohlwollend & einfach nur schön,
die Hoffnung ist,
immer & überall,
vergiss mich nicht...
flüstert Sie Dir zart und lieblich in Dein Ohr_

11.09.2012
T.Senn

„Wille"

_Er ist Dein Fels in der Brandung,
Er ist immer & überall bei und mit Dir,
Er stützt Dich in Zeiten des Mangels,
Er treibt Dich an in Zeiten des Gestaltens,
Er ermöglicht Dir Dich zu erkunden,
Dich zu erkennen,
Dich vor & durch Dich selbst zu benennen,
in Seinen Armen „Bist" Du,
in seinen Armen kannst Du Dich sicher & entspannt
bewegen.
Er ist Dir immer treu,
Er hat viele Gegenüber,
diese lärmen und schwärmen,
surren & zischen,
Ihn zu übertönen kommen sie,
wisse Ihn immer bei Dir
Er ist Lotse und Beschützer_

13.09.2012
T.Senn

„Absicht"

_Sie ist magisch,
Sie ist komplex,
Sie ist eine Zusammensetzung aus vielem,
sowie manchem.
Sie ist machtvoll,
Sie ist gebündelte Energie,
Sie kann Erfüllung,
wie Enttäuschung bringen und erschaffen.
Sie ist ein Resultat von Ereignissen,
Sie ist eine Sammlung sowie ein Spiegel,
ein Spiegelbild von,
bewusstem oder unbewusstem Denken.
Sie ist ein wertvolles Gut,
eine wunderbare Eigenschaft,
& gleichzeitig eine wunderschöne Möglichkeit,
Sie ist Dein Schlüssel_

14.09.2012
T.Senn

„Liebe"

_Sie ist Deine Geburtsstätte,
Sie ist Deine Heimat,
Deine Herkunft & Deine Führerin,
Sie ist das Grundelement Deines wunderbaren Seins.
Sie ist Schöpferin,
Sie ist Heilerin,
Sie ist pure Kreation,
Sie ist die feinstofflichste und lichtvollste Information.
Sie ist in, um & mit Dir,
Sie verschafft & erschafft Dir sämtliche Möglichkeiten.

Wenn Du Dich Ihr hingibst,
Ihr vertraust,
an Sie glaubst,
Sie fühlst,
Sie lebst,
und Sie in, um & bei Dir weisst.

Liebe Ist,
Liebe zu allem was da Ist,
aus dem Fokus und Sein,
der Widerstandslosigkeit,
Liebe Ist_

12.09.2012
T.Senn

„Trennung"

_Sie ist Trennung,
Sie ist Ende,
genauso sowie Neuanfang.
Sie ist Asche,
genauso wie loderndes Feuer,
Sie ist Dunkelheit,
genauso wie blendend helles Tageslicht.
Sie ist ebenso wichtig wie unerwünscht,
verrufen während geliebt.
Sie polarisiert,
lädt ein und weist ab.
Sie trennt den Weizen von der Spreu,
zeigt an & auf,
ein sich Verlieren um sich Wiederzufinden,
auf dem Weg durch,
Dimensionen,
Realitäten,
wie Galaxien.
Sie ist Geburt und Tod,
ein Wunder_

20.09.2012
T.Senn

„Wiedervereinigung"

_Wenn die Mutter,
der Vater,
& das Kind,
alle diese Elemente zusammenfinden,
in Harmonie,
Liebe,
und Freude,
dann kann die Vereinigung,
die Verbindung,
das Wunder Sein passieren & fliessen,
die Zusammenkunft ist wunderschön,
einzigartig,
sie ist Heilung,
ist Ganz- und Eins-Werdung.
Sie ist ein Wunder,
geniesse es,
& sei immer dankbar dafür_

21.09.2012
T.Senn

„Achtsamkeit"

_Sie ist Präsenz,
Sie ist mehrdimensionale Wahrnehmung,
Sie ist Klarheit,
Sie ist feinstofflich & reinigend.

Spanne den Bogen,
schicke den Pfeil mitten ins Ziel,
reise mit offenem Herzen durch die Dimensionen,
sei bewusst,
behutsam,
wie liebevoll,
im Einklang mit Dir selbst,
& allem was da ist.

Sie ist Anwesenheit,
Sie ist Licht,
Sie ist,
und dadurch ist Sie nicht,
Sie bringt Dich immer dahin...
...wo Du hinzielst_

22.09.2012
T.Senn

„Energie aussenden"

_Wie Oben so Unten,
wie Unten so Oben,
wie Innen so Aussen,
wie Aussen so Innen,
der Fluss,
der Strom,
die Wellen,
Wirbel...
...und Lichtkugeln,
Energie,
erzeugt durch unser Sein,
das Zusammenspiel mit unserem Gefährt,
gelenkt durch Fokus,
Wille,
Absicht & so Gefühl,
fliessen,
strahlen,
heilen,
kreieren,
im Zusammenspiel von männlich & weiblich,
unendliche Schöpfung...
...und Erleuchtung,
Jetzt_

26.09.2012
T.Senn

„Zwei Gesichter"

_Um zu sehen,
achte Dich stets auf das, was nicht sichtbar ist,
den Raum zwischen der festen Materie,
den Raum um die feste Materie,
um zu hören,
achte Dich auf die Stille zwischen den Tönen,
um zu fühlen,
achte Dich auf das, was nicht spürbar ist & mache Dich
frei von Denken,
lausche dem Raum zwischen,
Farbe,
Ton,
Gefühl & Erfahrungswert,
höre,
fühle,
lausche hin und werde heil,
sei in, mit & bei Dir,
in Deiner ganzen Heilig- und Herrlichkeit_

24.11.2012
T.Senn

„Körper & Körperwelten"

_ Aus Erde wurden wir geschaffen,
zu Erde werden wir,
die Mutter hat uns erschaffen,
& so nimmt sie uns wieder auf in Ihren Schoss,
Auf dem Weg - weg von Ihr um wieder zu Ihr zurückzu-
kehren,
balancierend auf dem Rücken des Oroboros,
ist Liebe unsere Trägersubstanz,
nicht so unsere Ernährung,
oder die Luft, die wir atmen oder das Wasser, das wir
trinken,
nein,
Liebe ist unsere Trägersubstanz,
freud- & lustvolle Vereinigung des Weiblichen und des
Männlichen,
ist Heilung,
ist Erleuchtung und Erfüllung,
wie Oben so Unten,
Himmel & Erde,
Vater & Mutter
Wie Innen so Aussen,
Mann & Frau,
Erde & Wasser,
Aus Liebe werden wir erschaffen,
und zur Liebe kehren wir zurück,
Liebe zu erfahren,
zu erkennen,
zu leben sind wir gekommen,
Liebe zu allem, was da ist,
als Bewusstseinszustand_

04.12.2012
T.Senn

„Physisches Sein"

_ Er ist unsere Verbindung zur Materie,
zur Ebene der Dichte,
Verbindung & Transformator zugleich,
er ist heilig,
er ist einzigartig & vollkommen,
unser Körper,
unser Haus,
unser Gefährt,
von einer unbeschreiblichen Komplexität,
Funktionalität & Empfindsamkeit geprägt,
viel zu vielschichtig ist er um bloss als Wunder bezeichnet
zu werden,
ruf ihn an mit – Liebe ist & so bin ich,
zentriere Dich mit, durch & in ihm,
lass los,
nimm an,
& geniesse es,
das Sein als Mensch,
Körper,
Geist und Spirit_

05.12.2012
T.Senn

„Frei von Widerstand"

_Alles was da ist,
ist Erfahrung,
jede Begegnung ein Freund,
jede Begebenheit Deine Kreation,
jede Laune Deine Wahl,
Liebe,
Frieden,
Kraft,
Gesundheit,
Licht,
Gewissheit.
Sie sind alles Trägerelemente,
das Erkennen von Angst,
und dadurch,
das Erkennen des Egos,
sowie das Ablegen dieses,
dies sind die Türöffner zur Widerstandslosigkeit,
eines der vielen Kinder der Liebe_

06.12.2012
T.Senn

„Leben"

_Das Leben ist unendlich,
alle Farben,
alle Formen,
alle Töne,
alle Gefühle,
alle Wege,
alle Gedanken,
alles ist Schöpfung,
vereint in der Ebene der Dichte,
versammelt und vereint,
innerhalb wie ausserhalb,
als Polarität und Gegensätzlichkeit,
ein endloser Energiefluss,
zusammengefügt im Kontext der Liebe,
es ist wunderbar,
Danke_

08.12.2012
T.Senn

„Heilung"

_Heilung passiert oder passiert nicht,
wird erlaubt oder verweigert,
ermöglicht oder blockiert,
Heilung ist Los- & Zulassen,
Annehmen wie Vergeben,
Auflösen, Erkennen wie Benennen.
Heilung ist wunderbar & einzigartig, wenn Du sie zulässt
& erfährst.
Sie ist alltägliche Begleiterin wie liebevolle Freundin &
Vertraute.
Heilung ist das Loslassen von Schmerz,
Heil Sein ist frei Sein von Schmerz,
lass los und nimm an,
werde heil & heil wird die Welt,
wie Innen so Aussen,
wie Oben so Unten.
Du bist Gott,
Du bist heilig,
Du bist pure Schöpfung,
Du bist pure Kreation,
Du bist das Zentrum der Welt,
Das Zentrum des Universums,
beziehe Stellung,
füge Dich ein in den universellen Plan der Liebe,
frei von Wertung,
frei von Schmerz,
frei von Angst,
frei von Ego,
Jetzt_

12.12.2012
T.Senn

„Frei von Ego"

_Frei von Ego,
Du gehst ein ins Sein,
Du wirst frei für alles, was da ist,
ohne Ego,
ohne manipulativen Gedanken,
ohne Angst, Zweifel oder verwirrlicher Wut.

Zeit & Raum verschwinden,
das Erleben wie auch das Erfahren werden schwerelos
und genüsslich,
in sich und als Essenz,

kein Zwang,
kein Druck,
keine Bedenken,

frei,

nicht anhaftend,
ohne Bedürfnisse,
keine Versuchung,

nur Sein _

10.12.2012
T.Senn

Amen - Te Tra Gram Ma Ton - So sei es - Ho o pono o pono – A mi to foa - Aloha - Namaste

Teil 2 – Die heutige Welt
13 Beschreibende / Die Manifestierung der Dualität

Einleitende Gedanken & Gefühle in den zweiten Teil	42
Die Dualität	45
1. Körperliche Sexualität	53
2. Sexualenergie	54
3. Das geschriebene Wort	55
4. Das gesprochene Wort	56
5. Verträge	56
6. Rituale & Beschwörungen	57
7. Helfen & Eingreifen	57
8. Liebe, die Leiden und Freuden aufleben lässt	58
9. Ethik & Moral	59
10. Religion – ein Gott im Aussen	59
11. Politik & Wirtschaft – Macht & Geld	60
12. Das Zerteilen von Einheit in ein Vielfaches	60
13. Drogen – legal wie illegal – chemisch wie natürlich	61

Einleitende Gedanken & Gefühle in den zweiten Teil – Die Dualität
Umbuktu Mgbutu & Lao Tse

Millionen wenn nicht Milliarden von Jahren vor unserer Zeit – als die Elementare frei waren & das, was wir heute als Erde bezeichnen eine einzige Feuerkugel – eine Sonne war – ereignete sich eine unglaubliche Begebenheit.

Der schwarze Mann – der Herzmensch– der Neger Umbuktu Mgbutu war der Gott dieser Sonne – seine Rasse war es, die auf der Feuerkugel, die wir heute Erde nennen – lebte.
Er war ihr grösstes & heiligstes Wesen – und die Universen lebten allesamt in Frieden und Einheit – Gleichheit & Liebe miteinander. Er drehte seine Runden auf der Feuerkugel – seine Erscheinung war gigantisch für die Augen eines heutigen Erdenwesens – er war das balancierende & ausgleichende Element seiner Zeit und seines Volkes – der Neger – der Bewohner und Erhalter der Erde.

Umbuktu Mgbutu rannte auf dem Feuerball – er war so gross wie der Raum zwischen der Aussenseite der Feuerkugel und der Atmosphäre, die sie umgab.

Wie er seiner Aufgabe folgte, verschluckte er sich und liess alsbald sein Chi durch seinen Anus fahren – worauf eine gewaltige Schallwelle die Atmosphären der um ihn liegenden Universen aufrüttelte.

Zur selben Zeit sass ein Fischer in seinem Sternenboot – er fischte nach verlorenen Sternen. Er war einer andern Wesenheit zugehörig – den Amenoiden – Wächter des universellen Gleichgewichtes – er war einer der grossen Philosophen, welche sich um das Gleichgewicht und die Harmonie der Universen kümmerten.

Seines Namens Lao Tse, hatte befremdliche Gedanken – sie kreisten um die Idee der Zerteilung der Einheit in Zweiheit – von freien Farben zu schwarz & weiss – von freier zu gebundener Energie – vom ewigen Leben hin zu geboren werden & sterben.

Doch folgend den Lehren seiner Ahnen und Urahnen – wusste er um die Gesetzmässigkeit, dass Energie immer frei sein muss, während Gedanken immer gehört und willkommen geheissen werden sollen.

So fischte Lao Tse mit seiner Sternenrute – welche die Ausführende & Balancierende darstellte – nach verlorenen Sternen.

Lao Tse war in Gedanken versunken – gab sich hin seinen Gedanken und Träumen – wie dann unerwartet & schicksalshaft die Schallwelle des Umbuktu Mgbutu auf sein Sternenboot traf – ihm einen leichten Stoss & so Drall versetzte, worauf sich die Sternenangel – die Ausführende & Balancierende – auf den Feuerball, den wir heute Erde nennen, richtete.

Lao Tse schreckte auf & sandte in seiner Verwirrung nun laut seine Gedanken aus – die Gedanken, welche er – folgend seiner Intuition - das Konzept des Yin & Yang nannte – & noch bevor er zu sich kam um wahrzunehmen was er verursachte – legte er – folgend der Notwendigkeit des Seins – das Yin & Yang – das was wir heute Dichte oder auch Dualität nennen - auf den Feuerball, den wir heute Erde nennen.

Die Gesetzmässigkeit des Yin & Yang erzeugte das zu Materie werden der freien Elementale – sie erzeugte Tag & Nacht – Himmel & Erde – halt eben all das, was wir als gegensätzlich empfinden und vorfinden & all das, was wir nicht wahrnehmen und das doch da ist.

Das ins Aussen legen der Versuchung – in Form von Besitz – Macht – Haben & Sein – Gier – Trauer – Schmerz – Wut – Enttäuschung – Liebe zu Dingen & Sachen - welches die neue Welt erschaffen hat im Verlaufe der letzten Weltherrschaften (meinem Gefühl folgend – angefangen in Ägypten) – ist was die Dichte – die Dualität so dominant & stark macht - meiner Intuition und Gefühlswelt zufolge.

Die Dualität wurde & wird verstärkt durch das niedergeschriebene wie das gesprochene Wort.

Durch Aufteilungen – durch Wertung – durch Zuteilung – durch das Besitzbe-
wusstsein – durch Verträge – durch Urkunden – durch Machtgefüge & durch das
kollektive Angst- & so Kontroll-Bewusstsein.

Mir ist klar, dass sich bei dieser Beschreibung die Fragen aufdrängen: Was war
zuvor & weshalb lässt das Universum so etwas passieren? Ich sehe, Du leidest
und ich fühle mit Dir – „Danke für Deine Anteilnahme am Weltschmerz", ist alles
was ich Dir sagen kann.

Die vorangehende Geschichte und Beschreibung ist, was im Jahr 2013 in Form
von Visionen zu mir gefunden hat – es ist, was mir innere Führung und Sicherheit gibt – nicht im Sinne von Wissen und Macht – sondern in dem Sinne, dass
ich keine Fragen zur Vergangenheit mehr habe. Ich kann mich dadurch um ein
Vielfaches verstärkt auf das Jetzt konzentrieren – ich bin unendlich dankbar dafür
– Danke.

Im selben Zuge ist es mir eine grosse Ehre, diese Eingebungen mit Dir zu teilen &
ich möchte Dir hier mitteilen, dass es nicht mein Wunsch ist, dass Du diese Auslegungen als Deine Realität annimmst – nein, es ist mir ein Anliegen, Dir meinen
Weg zur inneren Gewiss- wie Gewahrheit aufzuzeigen, auf dass Du zu Deiner
finden mögest. Im Namen der Liebe zu allem, was da ist.

Dieser Erzählung folgten viele weitere & sie alle hängen zusammen & bauen
aufeinander auf – doch sollen sie nicht Inhalt dieses Buches sein – dieses Buch ist
der Dualität und dem Eins-Sein gewidmet.

So bitte ich Dich nun mir zu folgen – hinein in die Welt, in der Du & ich leben
– die Welt der Dichte (Dualität).

Die Essenz aller Information, die zu mir gefunden hat besagt, dass alles - was
sich je ereignete - was sich ereignet & was sich je ereignen wird – das Resultat
– der Konsens – der besten Absicht jedes einzelnen Teilchens, welches da ist
- darstellt. Wir alle entsprechen unseren besten Vorsätzen und Idealen - wir alle
sind gekommen, um Erfahrung zu machen & alles hat in sich die Wahrheit der
Richtigkeit & Vollkommenheit der Liebe.

Die Dualität
Das Erkennen – Benennen & das liebevolle – gewalt- & zwangsfreie Überwinden

Die Dualität (Dichte) wird in den anschliessenden zwei Teilen anhand von zwei Mal 13 Begebenheiten beschrieben & umrissen.

Die Dualität (Dichte) umfasst alles, was sich innerhalb der Atmosphäre unseres Planeten befindet – die Mutter Erde (Terra) inbegriffen – eben alles innerhalb der Atmosphäre wo da Leben gedeiht & vergeht – den Lebensraum, in dem wir erschaffen & zerstören – lieben & hassen – liegen & gehen – kommen & vergehen.

Ein einzigartiger Lebensraum, innerhalb welchem wir die Möglichkeit haben, uns zu erfahren & unsere Seele zu entwickeln – sprich zu bereichern – eben um die Erfahrung der Gegensätzlichkeit zu machen. Um den Erfahrungen von Wenig & Viel – von Gross & Klein – von Reich & Arm willen.
Diese Erfahrungen machen wir immer & immer wieder bis unsere Seele zu ihrem Frieden gefunden & wir uns nach den Reisen & der Wanderschaft im Aussen ins tiefste Innere unseres Selbst gewendet haben.

Auf dieser Reise ins Innen – für welche wir uns nicht entscheiden, weil wir Lust dazu haben (bis anhin), sondern zu der uns das Erleben & Leben selber führt – begegnen wir diversen Aufgaben und Herausforderungen – Tief- & Fehlschlägen – so zumindest bezeichnen wir Erfahrungen in den Breitengraden wo ich mich bewege. Die Sprache, die ich erlernte & spreche, ist auf Wertung & Zuschreibung aufgebaut & bis anhin sind dies wesentliche Bestandteile innerhalb der Dichte, welche zu verstehen wichtig sind, um sich frei entwickeln zu können innerhalb der Gesellschaften. Hier nehme ich ein Zitat aus dem Film Matrix: „Der Mensch ist ein Virus", um dieses auszubauen und die Aussage: „Wenn ich den Virus kopieren (als Person) kann – dann wird es mir möglich, Neues zu gestalten ohne aufzufallen."

Dies ist meiner Auffassung & Lebenserfahrung folgend wichtig, da das kollektive (morphische) Feld Energiefelder glättet & ausgleicht - nicht aus bösem Willen, aber als Bedingung (logische Konsequenz) – sprich, wenn sich Energiefelder (einzelne Wesen wie Gruppen) auffällig verhalten, kann es sein, dass sie sich kleinen – grossen – riesigen oder physisch nicht überwindbaren Widerständen aussetzen.

Die Geburt steht für mich als das Resultat durch die Entscheidung der Seele, sich innerhalb der Dualität (Dichte) zu inkarnieren. Ich habe mich für jegliche Begebenheit, welche mir während meinem Erleben begegnet entschieden – dies bei vollem Bewusstsein & aus reiner Liebe.

Ich suche mir meine Erfahrungen sowie meine Eltern aus – ich komme um sie zu unterstützen im Auflösen und Annehmen ihrer Prozesse & so auf ihrem Weg der Liebe & ich weiss ganz genau was ich mir wünsche – doch dann – in dem Moment, wo ich in die Welt der Dualität (Dichte) eintrete – kann ich mich bereits an beinahe nichts mehr erinnern.

Zudem werden meine natürlichen Eigenschaften wie Telepathie – Teletransportieren – Fliegen – wahrscheinlich nicht vermittelt. Ebenso wie die innere Sicherheit, dass ich alles kann & die Unendlichkeit der Möglichkeiten mir jederzeit und völlig frei zugänglich ist. Denn alles was ich suche und nach dem mir ist – finde ich in mir – seit jeher – jetzt & in aller Ewigkeit.

In meinem Erleben (Schweiz) wurde mir selten vermittelt und gelehrt, was - Liebe zu allem was da ist - meint (Buddhismus) – oder wie ich lerne, meine Sexualenergie (Mann) oder die körperlichen Vorgänge während der Menstruation (Frau) zu lenken und bewusst umzusetzen & so zu bestimmen wie zu lenken (Taoistisches System ist da sehr vollständig).

Es gibt da ersichtlicherweise viele Themen & Lösungen – mögliche Fragen & Antworten. Ich beschliesse meine Ausführungen & Erläuterungen bezüglich der Dualität (Dichte) und möchte Dir, Du wunderbares Sein, weitergeben, was meine Visionen mir als Erweiterung von Leonardo da Vincis „vitruvian man" – denn ja, das Universum ist der Spiegel unserer Seele – wie Innen so Aussen - zeigt.

Dieses Buch ist eine für meine Verhältnisse sehr kühne & mutige Entscheidung – das was mir mein Erleben in Form von Erfahrungswert – ob psychisch oder physisch – zugespielt & aufgezeigt hat – weiterzugeben.

Für mich ist diese Aussage – bezugnehmend auf Leonardos „vitruvian man" keine Annahme oder Vermutung, sondern innere Gewissheit & Einsicht – welche bildlich & ebenso klar wie spielerisch in mein Bewusstsein gefunden hat.

Was Du daraus ziehst, überlasse ich liebevoll & voller Freude Dir – denn wichtig ist nicht, auf welchem Weg oder anhand von welchen Überzeugungen – Modellen & Begegnungen wir zu uns finden – doch, dass wir es tun – denn unser Planet & vielleicht so alles was ihn umgibt wartet auf uns.

Ausführend zu dieser Aussage führe ich das erste Modell an – welches durch die Eingebungen ab Mai 2013 zu mir gefunden hat.

Jede Verbindung zwischen Himmel (oben) & Erde (unten) fliesst beidseitig - anschliessend an das Modell folgen die zugehörigen Ausführungen.

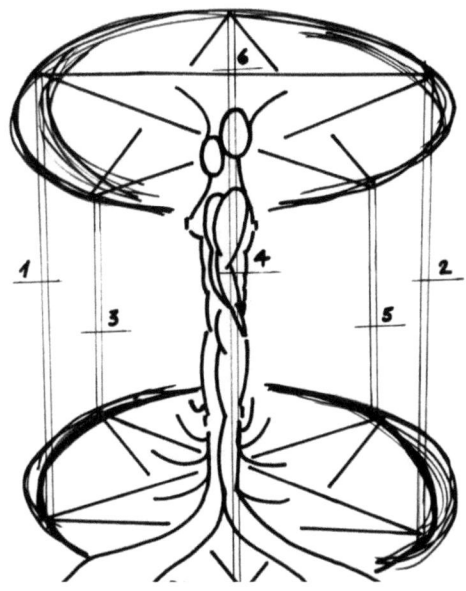

1. Das Verstehen des Geistes
1.1.Das Überwinden des Geistes

2. Das Verstehen des Körpers / Mangel & Schmerz
2.1 Das Überwinden des Körpers / Mangel & Schmerz

3. Das Verstehen der körperlichen Liebe / Lustempfinden
3.1 Das Überwinden der körperlichen Liebe / Lustempfinden

4 Das Verstehen der seelischen Liebe
4.1 Das Überwinden der seelischen Liebe

5. Die selbstlose Hingabe zu mir selbst
5.1 Die selbstlose Hingabe zum Universum

6. Die Verbindung zwischen Himmel & Erde

1. Das Verstehen des Geistes
Was ist Gedanke & wozu kann ich ihn gebrauchen?

Der erste Teil – von der Arbeit mit dem Gedanken – spricht von dieser Arbeit – der Geisteswissenschaft – welche uns vom wilden zum befriedeten Geist (Gedanke) führt.

Die grösste Herausforderung & unser bester Freund ist die Versuchung – sie ist auf der geistigen Ebene entweder Angst in Form von Schmerz – Krankheit – Leiden oder Mangel. Oder der Hunger nach Besitz & Macht – das Verlangen stärker zu sein als andere & sich so sein Überleben zu sichern (das Überleben des Stärkeren).

1.1 Das Überwinden des Geistes
Das Öffnen des Bewusstseins & der Austausch mit der Akashachronik

Sowie der befriedete Gedanke unsere Tagesform darstellt, können wir uns immer freier & weiter entwickeln – wir haben uns so die Möglichkeit erarbeitet, unser unendliches Potenzial freizulegen & zu entwickeln.

Die Akashachronik (indische Überlieferungen – Mystik) stellt die Bibliothek allen Wissens dar, welches je war – ist & sein wird – über fokussierte Gedanken (ganze Kette) kann ein Austausch mit der Bibliothek passieren.

Wie dem auch sei – fokussierter & klarer Gedanke erzeugt klare und dem Fokus entsprechende Resultate – ob im Privat- oder dem Arbeitsleben & meiner Meinung nach ist diese Eigenschaft – von grosser und schöner Bedeutung in der Entwicklung unserer Rasse – den Humanoiden – woher wir auch immer kommen & wohin wir auch immer gehen mögen.

2. Das Verstehen des Körpers
Wer ist mein Körper & wozu habe ich ihn bekommen?

Mein Körper ist vollkommen und einzigartig – er ist mein Gefährt – mein Reiseführer durch die Ebene der Bedingungen – mein Tempel innerhalb der Dualität (Dichte).

Er ist der Spiegel meiner Seele - das Resultat meiner innersten Wünsche & Gedanken – in all Ihrem Umfang & Inhalt.

Er ist meine Verbindung zu dieser Ebene und der Transmitter, der mich diese Welt & diese Ebene begreifen & erfahren lässt.

2.1 Das Überwinden des Körpers
Das Loslassen von Ich-identifizierter Lust & erwartungsfreies Projizieren nach aussen (Universum)

Es gibt sehr viele Wege, welche dieses Thema behandeln – sei es Entbehrung – Selbstbestrafung – Meditation – Yoga – Kampfkunst – Extremsport – wie auch immer – es dreht sich um längerfristige Konditionierung durch Einwirkung von aussen wie von innen.

Wir sind zu viel mehr fähig als wir denken – das Thema ist, dass wir faul geworden sind & nicht bemerken, was für eine Unendlichkeit an Potenzial in unserem Gefährt steckt.
Gerade mit dem Wechsel ins Jahr 2012 – ins goldene Zeitalter – mit dem Beginn des Wassermann-Zeitalters – eröffnen sich uns Möglichkeiten, welche wir uns nicht einmal vorstellen können.

Wir dürfen uns entscheiden, unseren Körper zu meistern – Geist über Materie – Schritt für Schritt – hin zu unbekannten wohlvertrauten Ufern und Welten.

3. Das Verstehen der Liebe / Lust
Was ist Liebe & weshalb ist sie flüchtig?

In den Gesellschaften des Westens lernen wir, Liebe Personen & Dingen zuzuschreiben - wir lernen zu gewinnen & zu verlieren & dass das Überleben dem Stärkeren zugehörig ist.

Wir lernen nicht, unsere Triebe – ob materiell oder körperlich – zu kontrollieren. Da wir freie Nationen & Gesellschaften sind & doch nicht gelernt haben, was Freiheit ist & wie diese Freiheit erreicht werden kann – verlieren wir uns innerhalb der Möglichkeiten & werden krank – geistig – seelisch oder körperlich.

Lust & sexuelle Energie ist die Trägersubstanz unseres wunderbaren Seins. Wir bewegen uns fort & entwickeln uns – entdecken die Welt & alles, was diese mit sich bringt – wir lernen & gehen vorwärts, weil wir einem Instinkt folgen – dem Instinkt der Lust. Die Absicht dahinter & wie wir das umsetzen ist völlig frei & individuell – in jedem Falle aber spirituell – denn jegliche Erfahrung ist Lernprozess und so Aufgabe & Grund unseres Seins.
Wir sind gekommen um Erfahrung zu machen & wir sind geboren um frei zu sein. Frei von Wertung & Zuschreibung - bloss um des uns Entdeckens & Entwickelns Willen.

Doch gezieltes Lenken – Steuern & Einsetzen unserer Energie in körperlichem wie geistigem Sinne sind wichtige Bestandteile für eine Entwicklung hinein in die feinstofflichen Sphären der Liebe & des Friedens.

Das Universum gibt mir – folgend der Begebenheit – wie Innen so Aussen – wie Oben so Unten – zu jeder Zeit was ich brauche – was bei weitem nicht heisst, dass ich dies in diesem Moment wertschätze – verstehe oder willkommen heisse.

Aufgeben des Egos & so des Ich-fokussierten Suchens und Verlierens sind Schlüssel auf dem Weg ins Vertrauen zu sich und somit in die Welt & das Universum.

Die grösste Herausforderung & unser bester Freund ist die Versuchung – sie ist auf der körperlichen Ebene die Lust. Sie äussert sich in Form von sexueller Begierde oder frigidem Verhalten – ebenso dem Verlangen sich selber zu pflegen oder zu zerstören – seinen Körper zu unterhalten oder zerfallen zu lassen.

3.1 Das Überwinden der Liebe / Lust
Wie kann ich alles lieben & wozu soll das gut sein?

Die Liebe zu Deinen Eltern ist Deine erste grosse Liebe – darauf folgt das Lieben zwischen Dir & weiteren Wesen – die Liebe ist auf Beziehung & Partnerschaft – auf Vermehrung & Artenerhaltung ausgerichtet.
Sie macht glücklich & fröhlich, zerschmettert & vernichtet den Hass – welcher nichts als ein Kind der Liebe ist – doch vielfach verwechselst Du die Kinder der Liebe mit der Liebe selbst & Du wendest Dich voller Schmerz – Leid & Gram ab von der Liebe & sie lässt Dich – denn Du bist gekommen um Erfahrung zu machen. Aber wenn Du Dich an sie erinnerst, begrüsst sie Dich als Sonnenstrahl, der Dich in der Nase kitzelt oder mit einer Windbrise, welche Dir zärtlich durch die Haare fährt oder mit einem erfrischenden Wassertropfen – der Dir nach einem starken Gewitter – wie Du in den Himmel schaust - auf die Stirn tropft.

Die Liebe zu allem, was da ist - birgt die Unendlichkeit des Gleichmutes und der inneren Befriedung mit sich.
Sie ist ein Abbild vieler Träume und Visionen – der Inhalt & die Aussage vieler literarischer Texte – Lieder & Bilder.
Liebe ist an sich nicht flüchtig – jedoch versuchen wir sie im Aussen zu finden, statt uns an sie zu erinnern & sie einfach zu leben – zu geben & zu fühlen.

Der Bewusstseinszustand der Liebe zu allem was ist, ist der Grundstein zum Weltenfrieden – der Grundstein zur Befriedung dieser sowie aller Welten & Universen die da sind.

4. Das Verstehen der seelischen Liebe
Sehnsucht & Leidenschaft

Wie beschrieben & oft genannt suchen wir nach Echos im Aussen – wir tun &
vollbringen um gesehen – gehört & verstanden zu werden. Der Weg im Aussen
wird oft & immer wieder von Sehnsucht und Leidenschaft begleitet.
Welche beide geprägt & begleitet sind von Lust & Schmerz – von Freud & Leid.
Sie bringen uns keine Ruhe, sondern führen uns hinaus in die endlosen Weiten
der inneren Leere & Unverstandenheit.
Auch wenn unser Intellekt (Ego) dies nicht eingestehen möchte – die Begriffe
Sucht & Leiden sind wesentliche Bestandteile – sie sind dominierende Elementale dieser zwei beschriebenen Begebenheiten.

4.1 Das Überwinden der seelischen Liebe
Wahrheit & Selbstliebe

Das Ankommen in sich selbst – das Verweilen in seiner Mitte – sich selber
entsprechen – seiner inneren Stimme folgen - zu keiner Zeit zweifeln, da Zweifel
nicht sind – sondern Gewissheit ist.
Wir sind Schöpfer – wir sind Götter und Engel – Feen & Zauberer – Programmie-
rer und Eingeweihte – wir sind das Zentrum des Universums.

Wir sind Alles und Nichts – wir sind der Ozean genauso wie der Tautropfen – wir
sind die Erde genauso wie das Staubkorn – wir sind der Sturm genauso wie die
sanfte Frühlingsbrise.

5. Die selbstlose Hingabe zu mir selbst
Liebe ist & so bin ich

Liebe ist weder Emotion noch Gefühl – Liebe ist ein Bewusstseinsfilter, welcher
mir wunderschöne Begebenheiten eröffnet.
Liebe zu allem was da ist – wird im Buddhismus mit Gleichgültigkeit dargestellt
- was meiner Erfahrung nach zutrifft, allerdings sehr verschiedene Reaktionen
auslösen kann im Austausch mit anderen Wesen.
Deshalb habe ich im Austausch mit meiner geliebten Tante den Ausdruck
Gleichmut zusammengestellt – denn unseren Überlegungen zufolge ist das Wort
Gleichgültigkeit in seinem Ursprung der Ausdruck – es gilt gleiches – doch in seiner heutigen Form sehr negativ & mit Minderwertigkeit behaftet – während das

Wort Gleichmut diese Behaftungen tilgen & die Kraft der Meinung in dem Wort gleichwertig aufzeigen kann.

Denn der Zustand der Liebe zu allem was ist – bringt Harmonie – Frieden & Verständnis mit sich – nicht als Resultat von Auseinandersetzung oder als Konsens solcher – sondern als Resultat von Resonanz – alles was mir begegnet schwingt sich ein auf die Frequenz, welche ich ausstrahle – in Harmonie – Frieden & Verständnis & so gebe ich mich mir hin – frei von Erwartung – Widerstand – Rolle oder Zuschreibung.

5.1. Die selbstlose Hingabe zum Universum
Liebe ist – alles ist Liebe

*M*ein Körper ist das Schönste & Beste, was mir gegeben wurde – ich bin die Seele, welche mich durch ihn bewegt & er ist es, der mir Erfahrung ermöglicht – Danke.

Ich bin gekommen um zu erleben & zu erschaffen – ich bin gekommen um zu lieben & zu geben.

Woher auch immer wir kommen & wohin wir auch immer gehen – wir kamen um uns zu entwickeln & haben einen noch nie (unserer Forschung & Geschichte entsprechend) vorhandenen Zustand erreicht – zumindest als Gesamtheit. Jetzt ist es an uns, all das, was unsere Vorfahren – unsere Eltern & Grosseltern sowie deren Eltern erschaffen haben – so umzusetzen & uns so zu entwickeln, dass all dies Einzigartige & Wunderbare nicht verloren geht oder zerstört wird – sondern erhalten und um ein Vielfaches an Gehalt und Qualität gewinnen kann – im Namen der Liebe.

Wir wissen, dass wir – entsprechend unserer Hirnmasse – nicht einen Bruchteil unserer Möglichkeiten & den damit einhergehenden Fähigkeiten nutzen. Wir versperren uns unsere Zugänge über rationales Denken – Glauben an das Aussen & Obrigkeitsgläubigkeit. Wir unterdrücken uns und ordnen uns ein – machen uns klein – verachten uns & zergehen & lösen uns auf – zerbrechen an den Tausenden von Einflüssen, die von aussen auf uns niederprasseln.

Doch dies ist nicht nötig & muss nicht sein – jeder von uns, der sich seiner selbst & seines Carpe Diems – seines inneren Tempels & dessen Heiligkeit bewusst wird & ist – schwingt sich ein in die Information der Liebe – die Information des Seins.

6. Die Verbindung zwischen Himmel & Erde
Liebe ist & so bin ich

Alles was mir gegeben wurde ist Geschenk & Gabe – ist mir bestimmtes Geleit und Bruder wie Lehrer – Schüler wie Freund – Schwester wie Vater & Mutter. Ich bin es, der sich alles, was sich in meinem Erleben ereignet – gewünscht und bestellt – erarbeitet und geerntet hat.

Ich bin Schöpfer und besitze unendliche Möglichkeit wie Potenzial – ich bin gekommen um zu entsprechen. Ich stehe gerade und mein Haupt neigt sich vor jeglichem Sein, das es je gab – geben wird & welches da ist – es beugt sich in demütiger Liebe – in tiefer Verbundenheit und voller Gewissheit und Klar- wie Wahrheit.
Wir sind gebündeltes Licht – gekommen um zu scheinen – um die Universen zu vereinen und den Planeten Liebe, den wir seit der Ankunft der Dualität Erde nennen, wieder dahin zu bringen wo er seine Wurzeln – seine Wahrheit hat – in die Liebe – das Eins-Sein.

Kapitel 1 - Körperliche Sexualität
Der Krieg der Geschlechter

Die körperliche Sexualität zwischen den Geschlechtern wurde in der neuen Welt über Tabuisierung & weitgehende Verteufelung schwer beschädigt und entfremdet. Soweit, dass der sexuelle Akt mit Krieg – Schmerz – Trauer – Unterwerfung & Herrschen gleichgesetzt wird.

Wir hüllen uns in Kleider um unsere Persönlichkeit zu verstecken – wir leben den sexuellen Akt versteckt oder provokativ öffentlich und erzeugen so Fleischeslust – wir reden von Trieb & Entsprechung – was wir allerdings leben ist Kontrolle – Lust – Leid & Unterwerfung.

Das Thema der sexuellen Vereinigung führe ich hier als Erstes auf, weil die Energie, die wir erzeugen, wenn wir sexuell sind – was wir immer sind – die höchste und reinste Form der Information der Liebe ist, die unser Sein erzeugen kann.

Die Hippie-Bewegung startete den Bewusstseinswandel – allerdings verlor sie sich in Drogen & Lust – die Zeichen allerdings, die sie setzte, waren klar – nackt sein – der sexuelle Akt ist ein Akt der Reinigung und kann wie soll unabhängig von Partner – im Einverständnis von beiden Wesen - zu jeder Zeit unabhängig von Ort und Raum passieren.

Energie soll immer frei fliessen – jegliche Energie, die ich von mir stosse, ist Potenzial, das nicht angenommen & transformiert wird.

Ich befinde mich in einer treuen Partnerschaft – die Befriedung meiner Sexualenergie ist in vollem Gange – ich befasse mich zurzeit mit dem taoistischen System, welches mir neue Wege und Anwendungen meiner physischen Sexualenergie aufzeigt.

Wenn ich von freier Energie rede, dann nehme ich Bezug auf innere Prozesse – betreffend Besitz & Habsucht – Eifersucht und Missgunst – denn das Leben lebt uns so wie es möchte. Alles, was wir können, ist ihm zu entsprechen, da wir anziehen, was wir ausstrahlen. So ist es meiner Meinung nach nicht zu empfehlen, das Resultat unserer Gedanken abzulehnen – denn wir werden es vermehrt anziehen & dies so lange, bis wir in die Erfahrung eingehen und der Erfahrung entsprechend Entwicklungen in uns selbst machen können.

Liebe ist das freieste und reinste Konzept, welches uns in der Ebene der Dichte (Dualität) begleitet – es ist woher ich komme – was ich lebe & wohin ich zurückkehren werde – also bitte ich Dich, Du einzigartiges Sein – entsprich Dir immer & zu jeder Zeit – im Namen der Liebe.

Kapitel 2 - Sexualenergie
Die Unwillkommene

Wie im vorangehenden Abschnitt erklärt – sind wir immer und zu jeder Zeit sexuell – die Frage, die sich stellt, ist – ob wir unsere Energien blockieren oder fliessen lassen – ob wir uns lieben oder verabscheuen – ob wir uns annehmen für was wir fühlen und wahrnehmen – oder ob wir uns dafür verurteilen.

Die Sexualenergie macht uns in den heutigen Gesellschaften das Leben schwer – dies ist einerseits eine schwierige Situation – welche uns aber auch kreativ macht und uns antreibt uns zu entwickeln und umzusetzen – uns selbst mit uns selbst zu entdecken, genauso wie die Modelle, innerhalb welcher wir Leben hinterfragen.

Lass Dich inspirieren von Dir selbst & tauche ein in die Unendlichkeit der Möglichkeiten, welche Du Dir selber bietest. Denn das Kennen und Beherrschen Deines Körpers ist der Schlüssel zur Freisetzung Deines Potenzials.
Auch hier folgend dem Gesetz der Resonanz – Du ziehst an, was Du ausstrahlst.

Wir sind gekommen, um diese unsere Erde – um unsere Spezies zu erhalten – wir sind geboren, um neue Weltenmodelle zu kreieren – wir sind die Schöpfer & Schöpferinnen, welche jetzt die Möglichkeit haben, Frieden – Liebe & Harmonie zwischen den Welten einkehren zu lassen.

Liebe ist das freieste und reinste Konzept, welches uns in der Ebene der Dichte (Dualität) begleitet – es ist woher ich komme – was ich lebe & wohin ich zurückkehren werde – also bitte ich Dich, Du einzigartiges Sein – entsprich Dir immer & zu jeder Zeit – im Namen der Liebe.

Kapitel 3 - Das geschriebene Wort
Schwarz und weiss – Licht & Schatten

Das Festhalten & Niederschreiben von Meinungen & Feststellungen – Ideen & Eingebungen – führt als solches nicht hin zum freien Denken – aber hin zu starren Meinungen & Lehrsätzen – Entwicklung wurde eingestellt & Stillstand & so Zeit – manifestiert.

Das geschriebene Wort ist an sich eine wunderbare Sache – jedoch für den Menschen in keiner Weise von Nutzen – es macht den Verstand träge & stumpft das Bewusstsein ab. Mitunter verhindert es bedingt durch Stumpfheit & Desinteresse – den Austausch mit der Akashachronik.

Im Verlaufe unserer Entwicklung & folgend der Gewissheit – dass alles, was da ist – so ist wie es folgend den Bedingungen der Dichte (Dualität) sein soll – möchte ich Dir auch hier in Liebe nahelegen, dass ich nicht kritisieren oder schlechtreden möchte – sondern erinnern.

Kapitel 4 - Das gesprochene Wort
Sprache anstelle von Telepathie

Den Überlieferungen zufolge wurde die eine Sprache in Babylon in Hunderte Sprachen zerteilt – die eine Sprache ist die Sprache der Empathen – die wir alle sind – es ist die Sprache der Telepathie.

Wir haben mittlerweile all die Möglichkeiten, welche uns als Ur-Inneres Potenzial innewohnt – im Aussen erschaffen – es ist jetzt Zeit uns zu entfalten & aus dem Wunder, welches uns umgibt – die Magie zu erschaffen, welche wir sind – unendliches Potenzial.

Das Erinnern ist ein Prozess, in dem wir uns weltweit befinden. Indem wir das an unsere Kinder vermitteln – durch bewusstes Begleiten der Kinder unserer Welt auf dem Weg in den ausgewachsenen Körper – können wir den nächsten Schritt in der Evolution gemeinsam & nachhaltig passieren lassen.

Kapitel 5 - Verträge
Das Binden von Träumen und Wünschen

Durch das Bestimmen und Aufteilen von Besitz – welches wir über Verträge geregelt haben – wurde die Dichte (Dualität) stark verdichtet. Verträge & Übereinkommen sind Gegenverträgen & Gegenvereinbarungen gegenübergetreten – und das Ganze trägt stärker & stärker zur Verdichtung der schmerzvollen Energien auf unserem Planeten bei.

Besitz & so Aufteilung der Dinge & Sachen, welche unser Planet – die Erde – uns zur Verfügung stellt, ist eben an sich eine sehr grosse Entscheidung, welche wir als Bewohner der Mutter Erde nicht fällen können - doch tun wir es.
Die Erde ist ein Allgemeingut & wenn wir eine Aufgabe haben, dann ist es ihr zu danken – sie zu hegen & zu pflegen - Aloha

Kapitel 6 - Rituale & Beschwörungen
Das Unterwerfen & Manipulieren von Elementalen

Das verfüglich machen & zum persönlichen Vorteil nutzen von freien Elementalen – ist ein schwerer Eingriff ins universale Gleichgewicht. Es ist nicht an uns, die freien Elementare und die Natur zu nutzen, sondern sie freizusetzen – mit ihnen in Einklang zu leben – ihnen zu entsprechen & so ihren Erfahrungshorizont so frei und gross wie möglich zu gestalten.

Wir können die Elementare wachküssen durch unseren Lufthauch – durch Anrufen durch unser Herz & durch das Übertragen unserer gereinigten und kraftvollen Energien.

Kapitel 7 - Helfen & eingreifen
Die Verwirrung im Aussen

Im Glauben, die Welt durch Handlungen im Aussen verändern zu können – haben wir das Konzept des Helfens entwickelt. Es ist ein wunderbares & schönes Konzept. Millionen von Menschen folgen ihm & Millionen von Menschen verlieren sich in ihm.

Hilfe setzt Bedürftigkeit voraus – Hilfe setzt voraus, dass ich etwas habe, was ein anderer braucht – Hilfe heisst, dass ich mich in die Begebenheiten einer andern Seele einmische – im Glauben daran, dass ich mit Veränderung seiner Lebensumstände (seelisch oder physisch) – sein Leben verbessern kann.

Hilfe passiert auf der Basis von Mitleid – Mitleid ist wiederum der Umstand, dass ich mich über die Person setze, der ich helfe – ich bin heil & gross – gesund & klar – aus diesem Bewusstsein heraus kann ich helfen & in Mitleid zwischen den verlorenen Seelen wandeln, um ihnen Kraft und Mut zuzusprechen.

Hilfe wie Mitleid sind Ego-Botschaften – warum haben denn so viele Menschen auf unserer wunderbaren Erde so wenig von dem – von welchem wir so viel haben? Genau – eben weil wir so viel haben – eben weil wir besitzen – eben weil wir nicht teilen & weil wir horten – weil wir dem individualistischen System der Macht und des Einflusses folgen.

In dem Moment, wo ich mich an diesem System beteilige – werde ich zum Täter & wenn ich mich als Täter dann dazu herablasse, denen, die unter dem System für welches ich arbeite bluten – milde Gaben zukommen zu lassen – bin ich nichts anderes als widerwertig und herablassend.

Abgesehen vom materiellen Austausch – folgend dem Sprichwort – „Nicht alles was glänzt ist Gold" – ist das energetische Spiel, auf das ich mich da einlasse – menschenunwürdig.

Energie soll immer frei sein – und das Einzige was real ist – ist das Gesetz der Energie.

Ich kann mich jederzeit entscheiden, mich von meinen Ängsten und so Zweifeln & Vorbehalten freizumachen. Ich kann aus der Gesellschaft, in der ich lebe, aussteigen & voller Mitgefühl & Demut zu allem, was da ist – in andere Welten eintreten, um da zusammen mit anderen – Auge in Auge – als Gemeinschaft & Team an Ideen für eine neue Welt arbeiten – in Liebe & frei jeglicher Erwartung oder Absicht – denn das Leben zu verstehen ist meiner Meinung nach nicht möglich – jedoch ihm zu entsprechen jederzeit.

Kapitel 8 - Liebe, die Leiden und Freuden aufleben lässt
Die Liebe zu Dingen & Sachen

Die Rede ist in diesem Kapitel über die Liebe zwischen Menschen – ob Mutter, Vater, Kind – ob enge Freunde oder in der Beziehung (Hetero & Homo).
Diese Art von Liebe, wie sie in Tausenden von Liedern & Texten – Büchern & Erzählungen beschrieben wird – ist weder frei noch heilend.

Wir leiden, wenn jemand einen Unfall hat – wir leiden, wenn jemand stirbt – wir leiden, wenn wir uns trennen & wir leiden, wenn wir uns nicht verstanden fühlen.

Leiden hat nichts mit Liebe zu tun & Leiden ist keine natürliche Folge von Liebe. Was wir Liebe nennen ist Abhängigkeit – welche wir geschickt als Romantik kaschieren & mit Blumen überhäuft haben. Was wir in der Realität leben ist das Zusammenspiel der Schmerzkörper & Archetypen, welche uns unterbewusst steuern & manövrieren.

Ich möchte Dir nicht sagen, was Du tun und lassen sollst, mein geliebtes Sein – auch in diesen Kapiteln möchte ich Dir nichts als meine Lebenserfahrung & Eingebungen so klar als möglich aufzeigen. Nicht um Dein Weltbild oder Deine Lebensweise zu hinterfragen – sondern um die Bedingungen & den daraus resultierenden Zustand unserer Gesellschaften zu beschreiben.

Kapitel 9 - Ethik & Moral
Das Unterbinden von Entwicklung

Sie sind die Leitfäden für unser Tun & Schaffen – sie ermöglichen uns den Weizen von der Spreu zu trennen & zu erkennen, was gut und was schlecht ist.

Meiner Meinung – Erfahrung & Eingebung zufolge – haben wir alle einen inneren Kompass, welcher uns alles mitteilt, was wir wissen müssen.
So wie wir uns mit unserem Herzen verbinden, trennt sich der Weizen von selbst von der Spreu – ohne Fremdeinwirkung von aussen – über ein Instrument, welches wir unterrichtet bekommen haben.

Ethik & Moral repräsentiert ein Wertungs-System – Wertung an sich verunmöglicht spirituelle Nüchternheit und so Gegenwärtigkeit – Wertung verunmöglicht Entwicklung im Geiste und so auch den Weltenfrieden.
All die Modelle, welche ich hier aufführe, wurden im Interesse und Glauben – das Beste zu tun – entwickelt & formuliert – jedoch Hunderte von Jahren vor meiner Zeit.
Ich bin der Meinung, dass viel Entwicklung passiert ist – gesellschaftlich –individuell – auf der Welt & alles als Folge & ermöglicht durch die Entwicklung & Veränderung der Energiefelder – des magnetischen Feldes, innerhalb welchem wir leben.
Und wir – die neuen Generationen, haben jetzt die Möglichkeit, uns von den jahrhundertealten Modellen und Lehrmeinungen zu lösen – im Interesse des Weltenfriedens und unserer Rasse – der Menschheit.

Nicht aus Wut oder Enttäuschung soll eine solche Entscheidung wachsen – sondern aus Freude und Zuversicht – aus dem göttlichen Enthusiasmus – im Namen des Seins – im Namen der Liebe.

Kapitel 10 - Religion – ein Gott im Aussen
Das Abgeben von Verantwortung & Entsprechung

Die fünf grossen & so vorherrschenden Religionen teilen uns alle dieselbe Botschaft mit – es gibt einen grossen Gott im Aussen – und nach dem Leben erwartet uns der Himmel – oder eben das Nirwana.
Alle diese Überlieferungen erzählen von Heiligen – von Propheten & von Austausch mit Wesen, die vom Himmel gestiegen kamen.

Sie erzählen uns von Menschen, welche Heilkräfte hatten und welche Wunder vollbringen konnten.

Das ist alles wunderschön & es sind einzigartige wie wichtige Überlieferungen. Jedoch wird uns unterrichtet und beigebracht, dass es eine Art Mythen sind – dass es sich bei diesen heiligen Personen um eine Seins-Art handelt, wie wir sie nicht erreichen können.
Dass wir beten sollen, um uns mit dem Göttlichen zu verbinden und Gott uns alle unsere Fragen beantworten wird.
Ja, Gott – Allah – Buddha & Krishna tun dies – allerdings nicht von Aussen – denn ihre Göttlichkeit ist in uns & wir sind ihre Abbilder in Form von Spirit & Körper – die Welten sind nicht getrennt und weder sind wir verdammt noch berufen – wir sind nicht höher & nicht tiefer – wir sind alle eins.
Wir sind ein Herz & eine Liebe – gekommen, um zusammen die Welten zu vereinen – uns unserer Göttlichkeit zu erinnern – gekommen, um unser Potenzial voll & ganz umzusetzen.

Kapitel 11 - Politik & Wirtschaft – Macht & Geld
Besitz & Eigentum

Das Aufteilen des Gutes, welches uns Mutter Erde zur Verfügung gestellt hat – ist an sich eine seltsame & schwer verständliche Sache. Besitz und Anhäufen von ebendiesem ist auch eine seltsame & schwer verständliche Sache.

Dazu kommt dann noch, dass dieser Besitz und das benannte Gut als persönliches Eigentum benannt wird. Wie kann es sein, dass ein Individuum mehr besitzen kann & soll denn ein anderes? Wie kann es sein, dass es einem Individuum besser gehen soll denn einem anderen? – In Bezug auf Besitz & Macht – welche beide ein Resultat des Ego-Denkens der westlichen Gesellschaften sind – mit welchem sie mittlerweile die grössten Teile der Welt angesteckt haben.

Kapitel 12 - Das Zerteilen von Einheit in ein Vielfaches
Die Verblendung durch die 1000 Dinge

Lao Tse fasst seine unzähligen Erzählungen unter anderem zusammen, indem er von den tausend Dingen spricht. Er bringt damit den mir am zugänglichsten Vergleich – das umfassendste Gleichnis für das Geschehen in der Dichte (Dualität) zutage. Unsere Augen sind nicht fokussiert – genau so wenig wie unsere Gedanken & Bewegungen & unser Tun.

Wir haben den Fokus völlig verloren & irren den Gerüchen – Farben – Melodien & Formen unseres inneren Seins hinterher – verwirrt & aufgewühlt – zerrissen & aufgewühlt – gierig & eigennützig.

Denn wir suchen im Aussen – während alle Antworten in uns vorzufinden sind & je länger & intensiver wir im Aussen suchen, umso grösser wird unsere innere Leere.

Fokussierter Gedanke – fokussiertes Tun wie Nichttun & fokussiertes Lieben & fokussiertes Entsprechen – beschreiben einen Weg – geprägt von Disziplin. Wäre uns das spielerische Überwinden von Versuchung von Kindheit an beigebracht worden!

Kapitel 13 - Drogen – legal wie illegal – chemisch wie natürlich
Von aussen stimulierte Entwicklung & Veränderung des Bewusstseins

Einwirkung von Aussen durch Einnahme von Substanzen ist nie nachhaltig & kann zudem zu schwerer geistiger Verwirrung führen.
Natürliche wie chemische Substanzen haben gleichermassen die Eigenschaft, den Geist zwar zu öffnen, jedoch lernen wir den Prozess nicht zu steuern.
Dies wiederum bringt mit sich, dass wir das Interesse und so die Lust nicht aufbringen, diese Prozesse auf natürlichem Wege zu gestalten.

Auch in diesem Punkt, mein wunderbares Du – möchte ich anmerken, dass es sich um Erfahren & Erleben handelt, welches wir in den westlichen Gesellschaften nicht als natürliches Verhalten erlernen. Aus diesem Grund bleibt es denn vielen von uns wunderbaren Wesen verschlossen & unzugänglich.
Was sehr schade ist – denn es handelt sich um Erfahren & Erleben, welches uns Entwicklung & Entfaltung ermöglicht – in jeglichem Sinne.

Teil 3 – Meine Offenbarungen
Die Begebenheiten der Dualität / Die 13 Eröffnenden

Einleitende Gedanken & Gefühle in den dritten Teil – die Begebenheiten
der Dualität   64
1. Die Modelle   68
1.1 Das dritte Auge   69
1.2 Zirbeldrüse   69
1.3 Tan – Tien   70
1.4 Zeit und Raum   70
1.5 Wie Innen so Aussen – wie Oben so Unten   71
1.6 Die Ebenen der Dichte / der Materie   73
1.7 Liebe zu allem, was da ist   74
1.8 Die Ebenen der Bedingungen   75
1.9 Geburt & Tod   76
1.10 Schicksal   77
1.11 Zufall   78
1.12 Reinkarnation   78
1.13 Ich & das Universum   79
1.14 Unser Körper   79
1.15 Begleiter   80
1.16 Wegweiser - Zu beachten   80
1.17 Die vier inneren Befindlichkeiten   82

2. Denken / vom freien & gelenkten Denken   85
2.1 Emotionen   85
2.2 Schmerzkörper   87
2.3 Denken   90
2.4 Das Herz   92
2.5 Seele   92
2.6 Gefühle (Gefühlswahrnehmung)   93
2.7 Gefühle   94

3. Negativität und Positivität   95
3.1 Liebe gegen Angst   97

4. Entwicklung innerhalb der Dichte   98
4.1 Die Evolutions-Pyramide   99
4.2 Die 13 Himmel   108

5. Das Wesen – Der Äther   110

6. Die Dimensionen 110
7. Die Körperlichkeit (mechanisch) 113
8. Wer ist Gott? 114
9. Die Bedürfnisse der physischen Körperlichkeit 116
10. Energie und Magnetismus 117
11. Morphische Felder 119
12. Liebe und Gleichgültigkeit 122
13. Die neun Chakras 123

Einleitende Gedanken & Gefühle in den dritten Teil – die Begebenheiten der Dualität
Die Eröffnenden

Alles, was ich in diesem Buch schreibe, ist relativiert & ohne Kontext, Aussage oder Zusammenhang zu verstehen. Ich weiss nicht... ...ich fühle - ich denke nicht, ich bin.
Dieses Buch ist keine Anleitung und kein Wegweiser.
Du kannst & darfst es in Liebe & mit Feingefühl, Sanft- & Gutmut, als Begleiter auf Deiner Reise durchs Leben annehmen & ansehen.
Dieses Buch ist pure Gefühlswahrnehmung...

Spiritualität wie auch Esoterik (Geheimwissenschaften), Alchemie, Hermetik etc. sind extrem im Aufschwung.

Sie bringen Freude, Liebe auf der einen, Leid, Zwiespalt, Hass & Verzweiflung auf der anderen Seite, hinein in unsere Ebene, die Ebene der Dichte, die Ebene der Dualität.

Heilwissenschaften wie TCM, Heilmassagen & Naturheilkunde aus aller Welt, Reiki sowie...
...Ansätze & Theorien, die daraus resultierenden Praktiken & Rituale, solche wie Wissen der Maori, der Schamanen, der Druiden & der Indianer, der Inka, der Ägypter, der Azteken...
...Die Wissenschaften der indigenen Völkergruppen, welche teilweise überlebt haben (in Bezug auf die Wissenschaften), Bräuche & Rituale, die mit ihnen einhergehen, sind was immer wieder auflebt, aufgenommen wird, was durchforstet & aufgearbeitet, was angewendet & eingesetzt, angepasst, kombiniert & verwendet wird um spirituelle Reisen...
...anzutreten, zu eröffnen und zu erleben & vor allem, zu ermöglichen.

Das Wissen der chinesischen, der indischen, der haitianischen, afrikanischen, australischen & tibetischen, aller Völker & Ethnien aus Nord, Ost, Süd & West beruht auf Erfahrung durch Umsetzen & Erleben.

Dies unterscheidet sie wesentlich von den Methoden & Modellen, welche die „westlichen Völker" ver- & anwenden.

Dieses Wissen, diese Weisheiten, diese Errungenschaften, diese Konzepte & deren Auswirkungen beruhen auf sehr simplen, unserer westlichen Gesellschaft jedoch meist völlig unbekannten & vor allem...unzugänglichen Prinzipien wie Gesetzmässigkeiten.

Warum & weshalb...

-Das spielt für mich keine Rolle-

Es geht um Erkenntnis, um Fortschritt & Heilung & in diesem Falle, und meiner subjektiven Einsicht nach, um die Heilung des Selbst. Nicht um die Heilung der Geschichte & schon gar nicht um Schuldzuweisung oder Wiedergutmachung.

Ja....   ...ich bin im Aufbruch...   ...ich Bin...

Ich eröffne demjenigen Leser, demjenigen Zuhörer, welcher meine Zeilen & Worte, die Energien & Schwingungen, welche Sie beinhalten fühlen möchte, die Möglichkeit zu sehen.

Langer Rede...kurzer Sinn:

Bevor Du Dich in die Welten der dritten, vierten oder fünften Dimension stürzt, mache Dich reisefertig.
Wenn ich von 90% unterbewusstem Denken & 10% bewusstem Denken, die wir von den gesellschaftlich anerkannten Wissenschaften zugesprochen bekommen, ausgehe... dann heisst „sich reisefertig zu machen" in Kontakt und Auseinandersetzung mit den 10% bewussten Denkens zu treten.

Es bringt mit sich, die offiziell betretbaren wie ersichtlichen & damit bewohnbaren Zimmer, komplett und voller Liebe & Hingabe zu erforschen & kennenzulernen.
Es heisst, sie nach klaren Angaben & Richtlinien durchzufegen & neu einzurichten.
Es kann auch heissen, dass sie mit Einrichtungsgegenständen & Farben - nach

Prinzipien eingerichtet & ausgestattet werden müssen - welche vorher weder vorhanden noch bekannt waren.

Dies ist für viele Individuen, viele liebende & wundervolle Geschöpfe, eine unmögliche Aufgabe. Unmöglich, da sie – falls Du das als auf Dich zutreffend bezeichnest - es Dir nicht vorstellen kannst.

Wenn Gott sich das Universum nicht hätte vorstellen können, wie hätte er es erschaffen sollen? Dies ist eine Frage, die sich indirekt auf die vorhergehende Aussage bezieht & gleichzeitig in Form einer Metapher die Antwort auf sie gibt.

Es gibt KEINEN eingeschränkten Gedanken, es gibt NUR eingeschränkte Gedanken.

In der Sprache der Technologien ausgedrückt: Du musst Deine Hardware erst anpassen, aufrüsten & ausstatten, bevor Du x-beliebige Software updatest!
Du musst eine den neuen Arbeitstools angepasste Arbeitsplatte schaffen.
Bevor Du die Hardware aufrüstest, solltest Du extern (wenn Du Dir nicht sicher bist) abklären, ob Du eventuell einen neuen Rechner brauchst, um das Update zu ermöglichen, damit der Rechner nach dem Update nicht abstürzt oder hängen bleibt, sondern in neuem Licht erstrahlen & glänzen kann.

Ich durfte in meinem jungen Leben (jung gemessen an den 33 Jahren, die ich bereits in meinem jetzigen Körper & Gefährt, meinem Haus, verbringe) viele wunderbare Wesen kennenlernen und mit ihnen Zeit verbringen. Ich spreche hier von allen Wesen, welche ich je wahrgenommen habe.
Es gibt viele unter ihnen, die leiden, zuerst in der Seele, dann im Geist, dann durch alle fünf Schichten bis in die Knochen & als nächstes gehen sie von uns.

Aus dieser Feststellung schliesse ich, dass es sicher Wesen gibt, welche den Inhalt dieses Buches, die Anleitung zur persönlichen Erleuchtung &...wie bereite ich mich auf die Reise nach Hause, zu mir, zu meinem Ich bin, meinem Zentrum vor, dass einige dieses Update, diese Bewusstseins-Transmutation nicht angehen & lostreten wollen.

Sich dies so einzugestehen & dies so an- und auszusprechen, ist nichts als richtig & wichtig.

Wir haben alle andere Ziele & Aufgaben, wir kommen aus verschiedensten Plätzen & Spektren in diesem Universum. Was wir gemeinsam haben ist, dass wir uns für die Ebene der Dichte, die Ebene der Materie entschieden haben. Was ist denn wichtig hier? Das kann ich Dir, Du wunderbares Wesen, nicht erklären oder sagen, denn um dies für Dich & mit Dir selber herauszufinden, bist Du hierhergekommen.

-Aus diesen Gedanken, gefühlt und erlebt, ergibt sich folgendes Statement:

Viele Wesen, die sich innerhalb dieses Lebens, hier in & auf der Ebene der Materie, innerhalb dieses Körpers & dieses Erfahrungsabschnittes bewegen, wollen & können...

...sollen sich diesen Schritt nicht erlauben & gehen...

Wenn Du Dich hier & jetzt von den vorangegangenen Zeilen angesprochen fühlst, sprich von den Passagen mit der Aussage, welche beschreiben, dass ich Dir den Schlüssel in Form dieses Kapitels in die Ebene der Dichte bringe, dann schliesse das Buch jetzt!

Wirf es weg, schenk es einem geliebten Wesen, leg es vor die Tür deines Hauses oder auf ein Trottoir auf Deinem Weg zur Arbeit oder

...bring es in einen Buchhandel für Gebrauchtbücher...

Egal, für was Du Dich entscheidest, zweifle nicht! Tu es & liebe Deine Entscheidung & den Mut, für Dich & Deine Gefühle & Wahrnehmungen einzustehen!

Danke, Du bist wunderbar, Du bist begehrenswert, Du bist einzigartig, Du bist unvergleichlich, Du bist heilig, Du bist...
Wenn es für mich einzigartige Statements & Bezeichnungen gibt, welche für die westlichen Gesellschaften stehen, direkt Bezug nehmend auf die gängige Vorgehensweise der Wissenschaften sowie das „Denken"... dann sind dies folgende:
Die zwei griechischen Philosophen Demokrit (= das Universum ist eine Maschine) & Sokrates (= wir sind Spirit & alles ist miteinander verbunden). Auf was haben wir aufgebaut? Auf die Definition von Demokrit.
Später wird das Maschinen-Modell bereichert durch den Satz „cogito ergo sum"(= ich denke, so bin ich) von René Descartes.
En gros gehen wir in den „westlichen" Staaten und Ländern sehr mechanisch vor. Wir analysieren, evaluieren, beobachten, eröffnen Theorien & darauf aufbauende Modelle und Konzepte.
Wir arbeiten über den Intellekt, welchen ich in diesem Buch gleichsetze mit dem Denken, dem Ego (Ratio).

In der Umgangssprache gibt es mittlerweile Aussagen wie: „Traue keiner Statistik, die du nicht selbst gefälscht hast", oder: „Eine Theorie ist wegweisend bis sie widerlegt ist."

Kurze Eindrücke, aus dem Kontext gerissen, aber als solche sehr eindrücklich. Wichtig ist mir zu definieren, wie ich mich ausdrücke und weshalb ich dies in den beschriebenen Momenten so mache.

Die vorangehenden Worte beziehen sich auf wertende, schubladisierende, einteilende oder einschränkende Begrifflichkeiten, Raster, Grafiken, Bilder oder Definitionen.
Ich verwende sie, wenn, dann nur, um zu beschreiben, um für die Ratio, den Verstand, den Intellekt, das Denken erfassbar & bearbeitbar zu machen.

Dies im Bewusstsein, dass wir als Masse noch immer auf diese Art des Vermittelns & der Kommunikation angewiesen sind.
Im Bewusstsein, dass meine Eloquenz, meine sprachliche Feinfühligkeit sowie Sprachkenntnis unzureichend sind, mich anders auszudrücken.
Im Bewusstsein, dass die deutsche Sprache, obwohl sehr reich an Begriffen & Formen, reich an Regeln & Normen, nicht fähig ist, Gefühle & deren Abdrücke, in der Form wie ich sie spüre, lebe & empfange auszudrücken.

Kapitel 1 - Die Modelle
Die eröffnenden Begebenheiten

Die aufgeführten Modelle widerspiegeln meinem eingeschränkten & unendlichen Wissen & Fühlen entsprechend die Wegweiser & Wegbereiter, um innerhalb der Dichte bewusst zu erleben & zu gestalten. Das Erkennen & Umsetzen von ihnen ermöglicht Karma freies Sein & so das Erinnern & Leben als das, was wir sind – Schöpfer & Götter – frei von Schmerz – Mangel – Angst & Ego – gekommen, um die Welten wieder zu vereinen.
Ich umarme Dich, Du wunderbares Wesen – Danke & willkommen in der heiligsten aller Arbeiten – dem Entsprechen & Gestalten aus & im Namen der Liebe zu allem, was da ist.

Das Mantra, das die Absätze jeweils abschliesst in diesem Teil des Buches & welches alle sieben Teile einklammert, hat die Funktion eines Poststempels – so dass die Botschaften des Friedens & der Liebe – durch den Geist des Lesers direkt ans Universum abgesendet werden.

Sei Dir sicher, dass dies nur passiert, wenn Dein Geist – welcher direkt mit Deinem Bewusstsein im Austausch steht, nur insofern & in dem Masse tut – wie es Dir entspricht – seit jeher – JETZT & in aller Ewigkeit.

Amen - Te Tra Gram Ma Ton - So sei es – Ho o pono o pono – A mi to foa - Aloha - Namaste

1.1 Das dritte Auge
Der Filter zum erweiterten Wahrnehmen

Es sitzt zwischen unseren Augen, in der Mitte, ca. 2 cm über der Linie der Augenbrauen.
Im Buch „Das Öffnen des dritten Auges" von Boris Sacharow wird dieses Thema und seine Eigenschaften kurz und bündig erklärt und erläutert.

Wie besagt... das Öffnen des dritten Auges ist der Schlüssel zu unseren übersinnlichen Wahrnehmungen & Fähigkeiten.

Amen - Te Tra Gram Ma Ton - So sei es – Ho o pono o pono – A mi to foa - Aloha - Namaste

1.2 Zirbeldrüse
Quell der Liebe

Sie ist unsere Verbindung zum Universum, unsere Antenne.
Sie programmiert mit ihrer Information, was für Nachwuchs wir haben. Sie speichert unsere Programme & innersten Wünsche ab und entwirft alles, was wir ihr so an Information zukommen lassen (bewusst oder unbewusst).

Fluor verkalkt unsere Zirbeldrüse, genauso wie Teer & Nikotin die Lunge verstopfen (die Lunge ist ebenfalls Transformator zum Universum / zuständig für feinstoffliche Prozesse / um in den Kontakt mit den feinstofflichen Dimensionen zu treten).

Eine geliebte Seele, mit der ich manche Jahre meines Erlebens teilen durfte, sagte einst zum Rauchen: „Der Tabak ist die Rache der Indianer – des roten Mannes am weissen Mann – für seine Gier & Rücksichtslosigkeit gegenüber der Natur & ihrem Volk."

Amen - Te Tra Gram Ma Ton - So sei es – Ho o pono o pono – A mi to foa - Aloha - Namaste

1.3 Tan - Tien
Energiezentrum

*U*nser Energiezentrum sitzt in unserem unteren Bauchraum. Indem wir es regelmässig pflegen & auffüllen, reinigen und durchspülen, transformieren & annehmen, garantieren wir uns ein gutes und genussvolles Erleben & Leben innerhalb der Ebene der Dichte.

Amen - Te Tra Gram Ma Ton - So sei es – Ho o pono o pono – A mi to foa - Aloha - Namaste

1.4 Zeit und Raum
Alles ist jetzt, an diesem Punkt

*S*ie sind enge Freunde & Bekannte & sie brachten & bringen & werden dies weiterhin so tun, viele Rätsel wie Ungereimtheiten mit sich.
Sie können auch gar nicht anders, denn sie existieren als solches gar nicht.

Sie sind Einheiten, welche entworfen wurden, um Dinge wie die Zeiteinheit oder Grössen & Volumen messbar & beschreibbar zu machen.

Genauso wie das Geld eingeführt wurde, um den Tauschhandel weiterhin zu ermöglichen.
Sie wurden für nötig befunden, um den vielen Wesen, die hier miteinander verweilen und erfahren, die Möglichkeit zu geben, sich gemeinsam in und über eine Einheit zu verständigen.
Da unsere Gesellschaft auf einem mechanischen Prinzip (Demokrit) aufgebaut wurde, war dies vonnöten.

Ich habe Zeit & Raum bis anhin oft als sehr beklemmend & beengend, als begrenzend erfahren & empfunden.

Zeit wird als kostbares Gut empfunden & Raum als Luxus, mit dem man sich repräsentieren kann.

Doch ist das Einzige, was existiert, der Moment, in dem man verweilt oder eben nicht.
Man kann überall & nirgends sein, man kann sich ausbreiten oder sich auflösen, je nach Fähigkeit bei & in sich selbst sein oder eben nicht.

Amen - Te Tra Gram Ma Ton - So sei es - Ho o pono o pono – A mi to foa - Aloha - Namaste

1.5 Wie Innen so Aussen - wie Oben so Unten
Die Spiegelung

Diese Begebenheit kann ich Dir anhand verschiedener Beispiele aufschlüsseln. Die westlichen Gesellschaften legen zwischen grossen bis sehr grossen Wert auf das Aussen. Während die östlichen Gesellschaften mehr bis sehr viel mehr Wert auf ihr Innen legen.
Das Aussen steht für alles, was da ausserhalb unseres Tempels, ausserhalb unseres Ich Bin, ausserhalb unseres Zentrums liegt. Es schliesst also den Körper, unser Gefährt mit ein.

Das Innen steht für alles, das sich innerhalb unseres Tempels, innerhalb unseres Ich Bin, innerhalb unseres Zentrums befindet.Es schliesst also das Denken, die Ratio, den Intellekt, unsere Schmerzkörper & die daraus resultierenden Bilder & Abbilder mit ein.

Das Aussen spiegelt unser Innenleben, sprich das Universum, unsere Seele. Wenn wir schauen, wie die geliebten Wesen hier auf Terra leben und wirken, ist es da erstaunlich zu sehen, wie die Elemente und Gezeiten, das Tierreich sowie das Universum sich verhalten?

Wahrnehmungstechnisch gilt es in verschiedenen Kreisen als erwiesen, dass die Thematik, welche einem gerade besetzt, zum Beispiel Schwangerschaft, Hunger, Durst, Gipsträger nach Unfällen etc. stark vermehrt auffällt & es uns dadurch

scheint, sie begegne uns vermehrt. Wie besagt, gilt dieses Symptom als erwiesen & bestätigt & es zeigt uns auf, wie ein Teil unserer Wahrnehmung funktioniert.
Sprich: wenn ich mich entwickle, dann entwickelt sich meine Umwelt mit.
Wenn ich mich verändere, verändert sich meine Umwelt mit. Dies vielleicht scheinbar langsam & zögerlich. Eventuell gar unscheinbar & unbemerkt, aber sie tut es.

Wenn ich hier in dem Kapitel Innen und Aussen auf das Kapitel Raum & Zeit zurückgreife & die damit verknüpfte Aussage, dass weder Zeit noch Raum existieren, lass uns sehen, wo uns das hinbringt.

Ich formuliere die Formel weiter aus & füge den Umstand, dass nur das Jetzt, nur der Moment existiert, hinzu. An diesem Punkt möchte ich, um den Fokus und das Blickfeld zu schärfen, hinzufügen, dass, wenn nur das Jetzt existiert, weder Vergangenheit noch Zukunft sind.

Sprich weder Zeit noch Raum, dadurch keine Vergangenheit oder Zukunft, nur der Moment, das Jetzt. Dann schiebt sich alles was ist, jegliches Sein, auf einer Ebene. Versammelt an einem Punkt.

...Alles was da ist...
An einem Punkt...

Was heisst das? Es sagt aus, dass alles, was war, was ist und was Sein wird, Illusion ist. Es ist das Abbild unserer Schöpfung, das Porträt unserer Seele. So können wir in jedem Moment entscheiden, gestalten & erschaffen.

Amen - Te Tra Gram Ma Ton - So sei es - Ho o pono o pono – A mi to foa - Aloha - Namaste

1.6 Die Ebenen der Dichte / der Materie
Die Definition von gelagerter Information

Wir leben & erleben innerhalb dieser Ebene, dass Dinge sind, wie sie sind, unveränderbar.
Ein Tisch ist ein Tisch & ein Pferd ein Pferd.
Jedoch lernen & erfahren wir auch, die einen mehr & die anderen weniger, dass die Bedingungen innerhalb der Dichte in alle Richtungen dreh- & wendbar sind.
Ich durfte in das Erfahren dieser Ebene & ihrer Veränderbarkeit eintreten & diese über mein Lernen & Lehren als Shaolin Kung Fu Schüler & Lehrer begreifen.

Für mich ist nach zwei Jahrzehnten des Trainings klar geworden, dass wir die durch die westliche Wissenschaft festgelegten Grenzen & Beschränkungen anhand der Konditionierung des Denken über Meditation, Tai-Chi, Chi-Gong, Autogenes Training und Pflege & Unterhaltung unseres Gefährtes, Fähigkeiten & dadurch Resultate erzeugen können, welche ausserhalb der Grenzen sind, die wir lernen, an die wir glauben.

Die Ebenen der Dichte
Dein Erleben in der Dichte ist geprägt von persönlicher Erfahrung – sie ist der Grund, weshalb Du hierher inkarniert bist.

Ich leiste meinen Eingebungen seit Mai 2013 folge & bringe die Mehrdimensionalität wie Beschaffenheit dieser Dimensionen oder Ebenen auf Papier anhand des folgenden Modells:

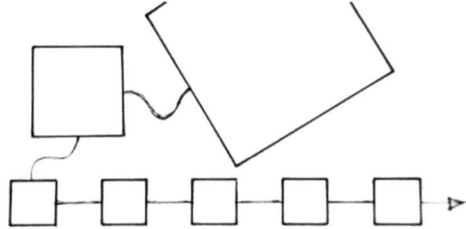

Danach verläuft unsere Entwicklung im Idealfall linear. Dieses Modell geht davon aus, dass sich zwischen Himmel (Räume oder Zimmer) & Erde 12 Himmel befinden, sprich 12 Räume mit Aufgaben. Wenn Du Dich Deinen Aufgaben nicht stellst, ihnen entweichst oder die kalte Schulter zeigst, so werden sie Dich im nächsten Raum erreichen. Jede Aufgabe ist ein Raum, jedes unbewusste Verlassen des Raumes (kalte Schulter zeigen / wegschauen / wütend aus dem Raum laufen) führt zur Duplikation des Raumes (Grösse) und bringt dadurch Unübersichtlichkeit mit sich.

Auf Seite 77 im Kapitel Dharma & Karma ist diese Begebenheit noch einmal ausgeführt – bildlich erfassbar gemacht wird sie im Film „Alice im Wunderland" – in dem Moment wo Alice in den Kaninchenbau stürzt & sich in einem Raum mit fünf Türen befindet. Diese Darstellung kommt meinen Erfahrungen - welche ich in der Meditation machen durfte - sehr nahe.

Die 13. Ebene – das 13. Zimmer – der 13. Raum – ist kein Raum mehr (0. Ebene) sondern die Liebe zu Allem was da Ist – das Paradies – das JETZT – der Jungbrunnen – der Ort aus dem die Träume gemacht sind – der Moment in dem Du Dein Leben in die Hand nimmst – in Liebe zu allem was da ist.

1.7 Liebe zu allem, was da ist
Leuchte, scheine und sei heil

Sie ist die Essenz, der Quell alles Lebens & somit, auf unsere Ebene bezogen, der Ursprung all dessen, was wir wahr- oder eben nicht wahrnehmen.

Die Liebe zu allem, was da ist, steht für die Ur-Matrix (Quell, Essenz, Ursprung), auf der alles aufgebaut wurde.

Wenn Du richtig verliebt bist, dann schwingst Du mit ihr. Dies ist der Moment, in dem andere Dich fragen: „Trägst Du eine rosarote Brille?" oder „Bist du auf Wolke sieben?"
Auch kann dieser Zustand auftreten, wenn Du in Deine lang ersehnten Ferien fährst & dann endlich an Deinem Traumstrand stehst & den Horizont erblickst, Dir die Meeresbrise ums Gesicht & durch die Haare zieht.
Oder wenn Du einen Gipfel besteigst & oben ankommst & geniessen kannst.
Im Moment, wo Du nach einem Marathon das Ziel durchläufst oder auch wenn Du eine Dir wichtige, grosse Prüfung erfolgreich bestehst.
Wenn Du in einer lebensbedrohlichen Situation bist, einem schweren Unfall.
Wenn Du Bungee jumpst, oder Fallschirm springst...

Es sind dies alles Momente, die Dich absolut bewusst wahrnehmen lassen.

Es sind denkfreie Momente...

Cogito ergo sum - Ich denke, also bin ich - ist, worauf sich unsere intellektuelle Gesellschaft aufgebaut hat.
Wir haben über die vergangenen Jahrhunderte & Jahrtausende erbittert und bewundernswert fleissig an der Entwicklung unseres vorderen Stirnlappens gearbeitet.
Das war auch, das Gesetz der Bedingung beachtend, absolut wichtig.
Denn nur so ist es uns möglich zu begreifen, dass wir zu viel mehr fähig sind.
Wir sehen, was wir als Kollektiv erschaffen haben & das treibt uns weiter voran.
Es zeigt uns auf, dass wir im Stande sind, alles zu erschaffen & alles zu erreichen....

Dies ist der Weg zu unserem Bewusstsein. Unmögliches zu ermöglichen, Grenzen unbeschwert & mit Leichtigkeit zu überschreiten.
Jedoch passiert diese Entwicklung nicht über Erschaffen & Erleben im Aussen, sondern über Erschaffen & Kreieren im Innen.

Alles in allem Momente, wo sich Dein Denken für kürzere oder längere Sequenzen verabschiedet & zur Ruhe kommt.

In diesen Momenten nimmst Du bewusst und durch den Filter der Liebe wahr.

Wenn dieses Bewusstsein nicht durch das Aussen bedingte Umstände oder durch Einnahme von Substanzen (ebenfalls von aussen) entsteht, dann verschiebt es bei vollem Einklang mit sich selber die persönliche Wahrnehmung & dadurch alles, was da ist im Aussen, im Leben & Erleben.

Diesen Zustand nenne ich „Erleuchtung" & er geht überein mit dem Enthusiasmus. Alles ist erleuchtet, alles verläuft nach dem göttlichen Plan & wird erschaffen durch Liebe.
Diese Art von Wahrnehmung & Zustand ist im Erleben unvergleichlich intensiv & schön, halt voll reiner Liebe.
Nicht als Gedanke, sondern als Fühlen und körperliche Wahrnehmung.

Amen - Te Tra Gram Ma Ton - So sei es – Ho o pono o pono – A mi to foa - Aloha - Namaste

1.8 Die Ebenen der Bedingungen
Materie oder auch Dichte

Sie ist, wo wir leben und erfahren. Sie ist, wen und was wir uns ausgesucht haben. Sie ist, mit wem wir zu ringen, zu kämpfen und zu streiten beginnen.
Sie ist, wer uns durchschüttelt und schreit: „Wach auf, Schlafender, erinnere Dich, wer und was Du bist!"
Sie ist es, die uns voller Liebe und Hingabe die Chance bietet zu wachsen und uns zu entwickeln.

Tag und Nacht, die Jahreszeiten, die Gezeiten, Ebbe und Flut, Leben und Tod, Wind und Windstille, Lärm und Stille...

Geben und Nehmen, Liebe und Gleichgültigkeit...

Es gibt ihrer eine Un-Endlichkeit (auch eine Bedingung, als Wort) voll und es ist an uns sie zu erkennen, zu bewundern und dann in Liebe und voller Freude und mit glänzenden Augen wieder loszulassen.
Es ist an Dir, wunderbares Wesen, zu verstehen, dass es nichts zu verstehen gibt, als Dich in und mit Dir selbst. Dich als Transformator und Erschaffer, Dich als Gott und Licht, Dich als Gefühl und Farbe.

Aktion und Reaktion, reagieren und im Stillstand verweilen. Kennst Du dieses Gefühl, diese Erkenntnis?
Aktio und Reaktio, Aktio und Reaktio... und dann... dann haben wir die Möglichkeit zu erkennen und umzustellen und von der Reaktion, dem Reagieren ins Agieren zu wechseln.

Agieren heisst, bewusst und wertfrei zu handeln in dem Sinne, wie ich es hier aufführe. Es heisst, in Liebe und mit Respekt, mit Demut und Hingabe das aufzufangen oder auch weiterzuhelfen, was auf einen zukommt oder was einen verlässt oder was in einem wohnt.

Amen - Te Tra Gram Ma Ton - So sei es – Ho o pono o pono – A mi to foa - Aloha - Namaste

1.9 Geburt & Tod
Warum wir kommen

*M*einem Gefühl und dadurch meiner Wahrnehmung nach entscheiden wir uns bewusst für die Reinkarnation innerhalb der Ebene der Dichte. Wir lesen uns unsere Eltern aus und alle Aufgaben, welche das Leben und Erleben uns stellt.
Zum einen suchen wir uns unsere Eltern aus, da wir ihnen helfen wollen, bestimmte Aufgaben zu lösen.
Zum anderen suchen wir uns unsere Aufgaben aus, um unsere Persönlichkeit zu verfeinern und uns weiterzuentwicklen.
Sprich, wir entscheiden uns für Wachstum und Entwicklung.
Die Ebene der Dichte ist eine atemberaubende und sehr anspruchsvolle.
Sie fordert von uns vollen Einsatz und Konzentration, absolute und bedingungslose Hingabe zu allem, was da ist.

Amen - Te Tra Gram Ma Ton - So sei es – Ho o pono o pono – A mi to foa - Aloha - Namaste

1.10 Schicksal
Dharma / Karma

Das Schicksal, Karma oder Dharma, begegnet uns ununterbrochen in Form von Aufgaben.
Diese Aufgaben formieren und materialisieren sich in den verschiedensten Formen. In Formen wie Begegnungen, Begebenheiten und Eindrücke.
Sie sind, was wir uns aussuchen, was wir brauchen und benötigen, um uns zu entwickeln und zu wachsen.
Sie sind unsere selbstlosen Begleiter und Wegbegleiter. Unsere Wünsche, Absichten und vor allem unsere Lehrer.

Mit Liebe, und wie gesagt selbstloser Aufopferung, stellt uns das Universum, die Quelle, das Sein, die Ebene der Dichte, all die Blumen und Früchte zur Verfügung, welche wir bestellen.

Wenn diese Blumen und Früchte in unserer Wahrnehmung giftig sind oder stinken (was beides nicht der Fall ist), dann ist es an uns, das Gift und den Gestank auf die Dosis und in der Mischung zu uns zu nehmen, wie sie gut, gesund und schön ist für uns.

Um diesen Gedankengang auszuformulieren, bediene ich mich eines Beispiels.

Jedes Gift ist in der richtigen Dosierung ein Heilmittel. Wohlriechende Gerüche sind in zu hoher Dosierung ein Gestank. Sie werden penetrant und sehr unangenehm.

Die Bedingung der Aufgabe, die uns das Schicksal stellt, ist eine sehr einfache. Verweigerst Du Dich den Dir gestellten Aufgaben, sprich, verlässt Du den Raum, in dem Du Dich befindest und verschliesst Du die Tür des Raumes, obwohl Du weisst, dass Du in diesem Raum eine Aufgabe zu erledigen hast, dann ist es gegeben, dass Dir dieselbe Aufgabe im nächsten Raum wieder begegnen wird.
Nur diesmal intensiver und komplexer. Und je öfter Du Dich ihr verweigerst, umso unübersichtlicher und verworrener wird sie werden.

Also bitte ich Dich, Du wunderbares, leuchtendes Wesen, atme durch, lass die Liebe zu, nimm an und fokussiere auf alles, was da ist.

Stell Dich den Begebenheiten und fange ruhig und in Liebe an - aufzulösen.
Der Prozess der Auflösung ist wunderschön und bringt eine liebevolle und unvergleichliche Eigenschaft mit sich. Dieser Prozess ermöglicht Dir, neue Muster zu entwerfen und festzulegen.

Er ermöglicht Dir, Dich zu sein, zu hören, zu spüren und im Endeffekt Dein Leben sowie Dein Er-Leben selber zu bestimmen, entsprechend Deinen Eigenschaften und Beschaffenheiten.

„Mind over matter", „just go 4 it", „just do it", „tu es" und „excuses are gone" sind alles Begleiter auf diesem Weg. Begleiter, welche klar und für mich unmissverständlich vermitteln, woran ich bin und wohin der Weg geht... ...zum Ziel.

„Am Ende des Tunnels ist Licht", „Alle Wege führen nach Rom", „Auch ein blindes Huhn findet einmal ein Korn", „Der Weg ist das Ziel", „Das Leben ist eine Reise"...

Dies alles sind Sprichwörter, die ein und dasselbe bezeichnen und aussagen. Sie stehen für mich für den Weg zur Erleuchtung.

Amen - Te Tra Gram Ma Ton - So sei es – Ho o pono o pono – A mi to foa - Aloha - Namaste

1.11 Zufall
Alles ist Information

Wenn Dir etwas zu-fällt, dann bedanke Dich, frage nicht, woher oder warum. Wenn Du fragst, dann frag wofür und...ob Du es bewusst oder unbewusst beim Universum bestellt hast.

Amen - Te Tra Gram Ma Ton - So sei es – Ho o pono o pono – A mi to foa - Aloha - Namaste

1.12 Reinkarnation
Der ewige Kreislauf – alles ist unendlich

Wir kommen in diese wundervolle Ebene des Seins, in die Ebene der Dichte und Bedingungen, um uns zu erfahren. Wir kommen hierher, um unseren Eltern zu helfen, ihre Aufgaben zu erfüllen - die Aufgabe sich selbst zu erkennen und Erleuchtung zu erfahren.
Alle Aufgaben, welche uns begegnen, sind, was wir uns aussuchten um zu wachsen.
Wenn nicht in diesem Leben, dann im nächsten...

Amen - Te Tra Gram Ma Ton - So sei es – Ho o pono o pono – A mi to foa - Aloha - Namaste

1.13 Ich & das Universum
Unser Grundwesen und was wir sind

Wir sind Liebe, wir sind perfekt und ohne Makel. Wir sind göttlich und Teil der Unendlichkeit, Teil des heiligen Universums.
Wir wurden erschaffen aus der Essenz und die Essenz, die Quelle, Gott, Buddha, Allah und wie sie alle benannt, besteht aus reiner Liebe.

Amen - Te Tra Gram Ma Ton - So sei es - Ho o pono o pono – A mi to foa - Aloha - Namaste

1.14 Unser Körper
Geist & Seele

Begegne Dir in Liebe (Seele), spüre Dich (Körper), atme Dich (Seele), lebe Dich. Gönn Deinem Körper Ruhe und Entspannung, unterhalte ihn mit Sport, mit Wasser und Erde. Unterhalte ihn, indem Du ihn flexibel und beweglich hältst.

Pflege ihn, indem Du Dir klarmachst, was Du isst und trinkst. Nicht, indem Du darüber nachdenkst, sondern ihn fragst, ob er es mag oder nicht. Ob das, was Du ihm geben möchtest, ihm entspricht oder nicht.

Er ist unser treuester und lebenslanger Gefährte, Bezug nehmend auf das Leben und Erleben zwischen geboren werden und sterben.
Pflege ihn, lass ihn wachsen, spüre ihn, liebe ihn und unterhalte ihn.
Sei für ihn da, entschuldige Dich bei ihm, wenn Du ihn verletzt hast.

Stehe mit ihm in ständiger und liebevoller Zusammenarbeit und im Austausch. Entschuldige Dich bei ihm, wenn Du ihn beschädigst oder ignoriert hast. Motiviere und unterstütze ihn, wenn er repariert und wiederherstellt oder schwere Aufgaben vor sich hat, sprich, sie erfüllen soll und muss.

Das menschliche Prinzip besteht meinem Erleben & Fühlen nach aus drei Bestandteilen, welche alle zusammen eins sind - wie oben beschrieben - aus Körper, Geist & Seele.

Die Begegnung – Pflege & der Umgang mit dem Körper ist in der Eröffnung dieses Kapitels angeführt – Der Umgang mit dem Geist ist im Teil 1 des Buches erklärt & beschrieben. Das Begegnen & Verstehen durch hinhören zur Seele ist in diesem 3. Teil vorzufinden (das Herz) – denn das Herz ist der Sitz der Seele .

Nun komme ich zu Eigenschaft dieser Teile & dem Grund, warum ich sie hier aufschlüssle. Sie sind entweder männlich oder weiblich – sprich, weil wir einen männlichen oder weiblichen Körper haben - heisst das nicht, dass wir Mann oder Frau sind – folgend dem Empfinden & Erfahren von Homo- Hetero- Bi- und Multisexualität.

Denn Liebe ist & so sind wir & der sexuelle Akt zwischen menschlichen Wesen – im puren & erwünschten & so bewussten Verhältnis – ist Entfaltung & Freisetzung von Welten & Universen – Gestaltung von Realitäten & Reinigung des Sonnensystems, in dem wir uns befinden – gesetzt den Fall, wir sind frei von Widerstand & Ego & befinden uns auf der Ebene des Agape-Bewusstseins.

Amen - Te Tra Gram Ma Ton - So sei es – Ho o pono o pono – A mi to foa - Aloha - Namaste

1.15 Begleiter
Engel / Orbs

Sie sind immer und überall mit uns, begleiten und beschützen uns.
Nimm Kontakt mit ihnen auf und gib ihnen klare Aufträge. Bedanke Dich bei ihnen und begegne ihnen stets mit Achtung und Respekt, in Demut und Liebe.

Amen - Te Tra Gram Ma Ton - So sei es – Ho o pono o pono – A mi to foa - Aloha - Namaste

1.16 Wegweiser - Zu beachten
Wahrnehmung, wie sie definiert wird / wissenschaftlich / Quantenphysik

Wir können gegen 0.01 Prozent der „Realität" über unsere Wahrnehmung erfassen.
In der Kommunikation verstehen wir um die 10% von dem, was uns das direkte Gegenüber effektiv mitteilen will, in dem Sinne, wie es seiner Intention entspricht (ist mehrdimensional / Sprache vielfach nur eindimensional).
Wir können uns also weder verstehen, noch nehmen wir die Welt wahr, in der wir leben.
Was kann ich tun?
Die Antwort ist leicht und lässt tief und zufrieden durchatmen, zumindest mich.

Wahrnehmung, wie sie erfahrbar ist / spirituell.

Wahrnehmung ist ein sehr weiter wie auch dehnbarer Begriff. Wir haben fünf Sinnesorgane, können riechen, schmecken, tasten, sehen und hören.

Diese Organe schulen wir im Wesentlichen, um uns im Aussen zurechtzufinden und zu orientieren.

Diese Organe sowie die ihnen zugehörigen Sinne können genauso gut und erfolgreich dazu verwendet werden, um nach innen zu horchen, zu fühlen, zu schauen, zu schmecken und zu riechen.

Wir können die Sinne auch weiterentwickeln und so Dinge wahrnehmen, die irgendwo in diesem Universum sind, welche scheinbar unendlich weit entfernt und nicht erreichbar sind.

Wir können sie schulen, das Denken anderer Menschen zu lesen, zu hören und zu beeinflussen. Wir können sie gar dazu einsetzen, unsere Umwelt zu manipulieren. Eine Fähigkeit und ein Umstand, der sowohl zum Leid, als auch zur Freude und Heilung von vielen wunderbaren Wesen auf dem Planeten Terra, unserer Heimat und Erde, sowie alles, was da mit und durch uns ist und weilt, eingesetzt werden kann und wird.

Da weder gut noch schlecht, weder Zeit noch Raum existieren, da weder Bös noch Gut unter uns weilen, da alles pure Liebe ist, kannst Du Dich immer und ohne Vorbehalt oder äusserliche Einschränkung frei bewegen.

Ich möchte mich in dieser Ausführung der Wahrnehmung mit der Gefühlswahrnehmung auseinandersetzen.

Diese Art der Wahrnehmung ist frei von Denken, frei von Ego, frei von Ratio oder Intellekt, es geht hier um das Bauchgefühl, um die Region im Bauch, wo entweder die Schmetterlinge fliegen oder die Steine liegen.

Diese Art der Gefühlswahrnehmung ist für mich von wesentlicher Bedeutung. Sie ist es, wer und was es uns ermöglicht, uns von unseren Mustern und Verstrickungen zu lösen.

Denn in unserem Bauch redet keine andere Stimme als das Gefühl, und das Gefühl hat eine Temperatur, eine Farbe, einen Ton, es ist Frequenz und Schwingung und braucht weder Name noch Zuordnung.

Und so kann es sein, kommen und gehen, wann und wie auch immer es möchte, einfach so, als Gefühl.

Amen - Te Tra Gram Ma Ton - So sei es - Ho o pono o pono – A mi to foa - Aloha - Namaste

1.17 Die vier inneren Befindlichkeiten
Wahrnehmung und ihre Filter

Gelassenheit / es ist wie es ist... und so ist es gut.
Jch bin mir sicher, dass Du dieses Gefühl, dieses Befinden kennst und zuordnen kannst.
Es ist meiner Meinung nach ein sehr verbreitetes und bekanntes Befinden.
Als solches ist es zufriedenstellend und sorgt dafür, dass die Seele nicht zu oft friert oder unterkühlt.
Als solches begleitet und stützt es einen und lässt einen vorwärtsgehen und leben.
Als solches ist dieses Gefühl blassfarben und selten von der Sonne erhellt und erwärmt, und doch ist es ein treuer und guter, ein stabiler und fairer Wegbegleiter.

Die Gelassenheit welche da spricht: „Es ist gut wie es ist", ist die unterste Ebene auf dem Weg zu konstantem, wertfreiem und reinem Fühlen und Erleben von Liebe als Essenz und Begleiter durch das Leben und Erleben.

Das Glas scheint vielfach halb leer in dieser Wahrnehmungs- und Schwingungsebene.

Zufriedenheit / es ist gut wie es ist
Dieses Grundgefühl ist angenehm und meistens warm und ansprechend. Es bringt einen ruhigen und gelassenen Charakter hervor und lässt Dich Deine Umwelt und Dich selber als gut und angenehm erleben.

Dieses Grundgefühl lässt Dich gemütlich durch die Ebene des Seins treiben und genussvoll annehmen und geben.
Es ist ein grosser Schritt, ein merkbarer Unterschied im Leben und Erleben, ob Du gelassen oder zufrieden bist.
Das Glas kann an manchen Tagen halb leer, an anderen halb voll sein innerhalb dieser Schwingungs- und Wahrnehmungsebene.

Freude / es ist wunderbar wie es ist
Freude ist eine beschwingende und wunderbare Begleiterin. Freude lässt uns Liebe erfahren und erleben. Sie ist eine wunderbare Gastgeberin sowie Gefährtin. Durch ihr zartes und verletzliches Wesen ist sie zeitweise angreif- und reizbar, sprich, aus der Ruhe zu bringen.
Freude ist schaffensfroh und voller Lebensdrang, wie besagt, sie lässt uns Liebe leben und erleben.
Ich spreche hier nicht von der Liebe zwischen Menschen in einer Beziehung, sondern von Liebe zu allem, was da ist.

Das Glas ist mehrheitlich halb voll, wenn Du im Zustand der Freude verweilst und ruhst. Geniesse Dich, Du wundervolles Wesen.

Enthusiasmus / es verläuft alles nach dem göttlichen Plan

Der Enthusiasmus lässt Dich leuchten und scheinen, er ist ein starker Transformator und Wegbereiter.
Dieser Wahrnehmungsfilter macht Dich ruhig und geduldig, er erfüllt Dich mit Passion und Hingabe und ermöglicht Dir Selbst- wie Nächstenliebe als feste Bestandteile Deines Selbst zu erfahren.

Er lässt Dich erschaffen und stellt Dir den Eu-Stress zur Verfügung. Er lässt Dich sehen, fühlen und agieren und ermöglicht Dir, über Dich hinauszuwachsen.

Er lacht Dich an vom Morgen bis zum Abend und ermöglicht Dir grosses und unerreichbar Geglaubtes zu erreichen.

Der Inhalt des Glases spielt keine Rolle, wenn Du im Zustand des Enthusiasmus verweilst.
Du geniesst das Leben in vollen Zügen und handelst schöpferisch, aus der Verbundenheit mit der Quelle heraus. Sprich, Du handelst aus Verbundenheit mit der Liebe zu allem, was da ist.

Gleichgültigkeit / Erleuchtung / alles ist Liebe

Wenn Du alles in Liebe und neutraler Euphorie wahrnimmst, wenn Du jeden Moment schätzt, achtest und voll ausschöpfst, nicht weil Du es beabsichtigst, sondern weil es eben genau so ist, dann lebst Du in einem erleuchteten Zustand.

Dieser Zustand, dieses Befinden, ist unvergleichlich und ebenso unvergesslich. Du empfindest keine Bedürfnisse oder Not, Du bist einfach und Du weisst, dass alles genau so wie es ist, absolut richtig und perfekt ist.

Du empfindest nur über das Fühlen und Dein Denken ist fokussiert und ruhig. Es ist dann die Grundplattform, die Lösungen bringt und die Reize, Wahrnehmungen und Eindrücke aus Deiner Umwelt aufnimmt und in Liebe bewundert und beschaut.

Sexualität, Ausgang, Sport, Arbeit, Wohnen, Freundschaft, Beziehung und Familie, alles ist und wird als Liebe betrachtet und genau so gehandhabt.

Stress und Zweifel, Not, Versuchung und Abhängigkeit verfliegen und existieren nicht mehr.

Wunder, wunderschön ist die Erleuchtung, unvorstellbar schön.

Du bist immer zum richtigen Zeitpunkt am richtigen Ort und begegnest allem mit Verständnis, Demut, Hochachtung und Gutmut.

Du hinterfragst nicht, sondern handelst immer Deiner inneren Stimme und Deinen übersinnlichen Wahrnehmungen entsprechend, denn Du weißt, es gibt weder richtig noch falsch.

Wertung und Sarkasmus verschwinden und werden ebenfalls durch Liebe ersetzt.

Du wachst am Morgen zufrieden, glücklich und voller Schaffenskraft auf und startest voller Elan und Liebe in den Tag.

Wie mir dies widerfahren ist, habe ich mir vorgestellt, dass der Kommunismus das ideale Modell des Zusammenlebens ist, wenn alle Menschen diesen Bewusstheitsgrad erreichen.

Denn es interessiert nicht, wer was und wie viel hat, es ist einfach alles.

Und wie gesagt, es ist gut so wie es ist, nicht nur gut, sondern absolut richtig und schön, eben perfekt.

Ich bin über mein Erleuchtungserlebnis in die nächste Erlebensstufe meines jetzigen Lebens eingetreten und ich staune Tag für Tag, was mir mein Erleben bringt und wie es mich bereichert und sich entwickelt.

14 Tage habe ich im Zustand der Erleuchtung verbringen dürfen. Es war für mich nicht einfach zu erfahren, dass diese Form der Befindlichkeit nicht für immer bleibt.

Und es war logisch, wie ich begriffen habe, dass ich mich stetig fortentwickle und diese Form des Erlebens der Abschluss meines bisherigen Lebensabschnittes war.

Und mein Erleben gestaltet sich neu, und ich wünsche ganz besonders Dir, dass Du Dich genau so dem Fluss des Lebens, Deines Lebens hinzugeben vermagst.

Vertraue, mache Dich frei und fliege los, in die Un-Endlichkeit der Ebene der Materie hinaus.

Halte stets im Bewusstsein, dass nichts unmöglich ist und dass es keine Grenzen gibt, ausser denen, die Du Dir selbst setzt.

Amen - Te Tra Gram Ma Ton - So sei es - Ho o pono o pono – A mi to foa - Aloha - Namaste

Kapitel 2 - Denken / vom freien & gelenkten Denken
Denken und Bewusst-Sein / Schmerzkörper und Fühlen / Die Herzkammer

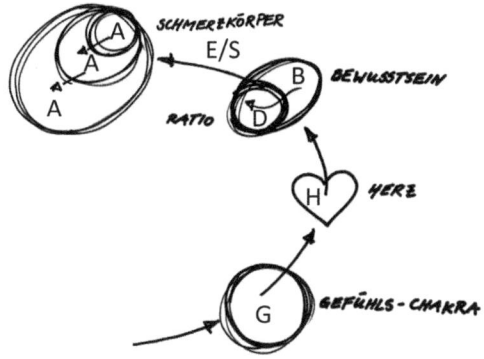

A = Angst / Zweifel / Furcht etc.
B = Bewusstsein / Essenz / reines Sein
D = Denken / Intellekt / Ego / Ratio
E = Emotionen
G = Gefühlszentrum
H = Herzzentrum / umgeben von einer Matrix / Doppelhelix / steht für die grosse und die kleine Herzkammer / Zugang zur Schöpfungskraft
S = Schmerzkörper A = Angst / Zweifel / Furcht etc. (s. S. 87)
Wellenlinien stehen für Schwingungen, die auf uns einwirken / den Weg, den die Wellen / die Energie geht

Amen - Te Tra Gram Ma Ton - So sei es - Ho o pono o pono – A mi to foa - Aloha - Namaste

2.1 Emotionen
Die vermeintliche Wahrnehmung von Gefühlen

Emotionen sind das Resultat von durch das Denken gefilterten Gefühlen.
Emotionen erhalten ihr Aroma und ihren Geschmack, ihre Intensität, durch Ver-
knüpfungen und Zuordnungen.
Sie werden durch das Denken mit bestehenden Schmerzkörpern verknüpft.

Die Emotion, welche aus einem Gefühl entstehen kann, egal was der Grundimpuls ist, hat als solches nichts oder nur noch wenig mit dem eigentlichen Input gemein.
Grundimpulse sind Gefühle wie Freude, Trauer oder Angst.

Sie werden als Überbegriffe mit Tausenden und Millionen von Unterbegriffen verknüpft und stellen so jeder vorstellbaren Situation mit vorgefertigten Modellen, welche die Reaktion auf diese bestimmt, zur Verfügung.

Daraus lässt sich schliessen, dass wir ein Leben lang nicht uns selbst sind, wenn wir uns nicht von diesen vorgefertigten Modellen und Mustern zu lösen vermögen.

Diese Bibliothek an sich ist neutral und ohne Wertung. Sie wird aber direkt verknüpft über die sogenannte Konditionierung.
Und so erhält sie emotionale Prägung.

Die Konditionierung ihrerseits wurde definiert von Pawlow.
Er zeigte mittels Studien mit Hunden auf, dass ein vermittelter Reiz kombiniert mit einem Umstand gespeichert wird.
Er liess ein Glöckchen erklingen und umgehend darauf wurde Futter verabreicht.
Immer wenn das Glöckchen ertönte, fingen die Hunde an zu speicheln.
Diese Reaktion konnte Pawlow anschliessend auch erzeugen (speicheln) durch blosses Läuten mit der Glocke, ohne Futterverabreichung.
Für einen Menschen heisst das, wenn Du schlechte Erfahrungen hattest mit dem Zahnarzt, dann magst Du da nicht mehr gerne hingehen.
So verhält es sich auch mit Schmerzkörpern (aus Angst oder Liebe zusammengesetzt).

Wiederum in ein Beispiel verpackt bedeutet diese Aussage, wenn Du Höhenangst hast und gezwungenermassen über eine Hängebrücke gehen (schaukeln) musst, dann erlebst Du den Tod und alles was Dir Dein entsprechender Schmerzkörper (Angst), in Form von Panik und Hysterie (körperlich oder mental), vermittelt.

Genau so unterhaltsam verhält sich Dein Schmerzkörper, wenn Du Dich verliebst.
Dein Kopf und Dein Körper fahren beinahe aus der Haut, wenn Dir Dein Schmerzkörper (Liebe) vermittelt, dass Du den/die Richtige gefunden hast.
Du isst beinahe nicht mehr, hast kein Hungergefühl, kommst mit wenig Schlaf zurecht und gehst überdurchschnittlich viele Kompromisse ein.
Sprich, Du vernachlässigst Deinen Körper sowie Deine Person im Glauben und

der Überzeugung, die / den Richtigen gefunden zu haben und ihm / ihr alles recht machen zu wollen.

Angst ist genau wie Liebe, als Gefühl wahrgenommen, etwas völlig Neutrales und Vergängliches.

Sobald Du die Gefühle ins Denken einschleust, bekommen sie Form und Gewicht.

Ein Gefühl braucht kein Gewicht, es braucht Flügel, damit es weiterziehen und Platz für Neues machen kann und darf.

Amen - Te Tra Gram Ma Ton - So sei es – Ho o pono o pono – A mi to foa - Aloha - Namaste

2.2 Schmerzkörper
Bestehend aus: Angst / Zweifel / Furcht etc.

Schmerzkörper sind Speichervolumen. Sie können mit „thumb"-Dateien auf dem Rechner des Computers verglichen werden. Sie machen ihn langsam und schwerfällig.
Schmerzkörper sind fester Bestandteil und Zubehör des Denkens. Sie nähren sich von tiefen Schwingungen, von Negativität.

Wenn man sie aktiviert, führen sie zu Gemütsverstimmung, zu Verzweiflung und Selbstmitleid.

Diese Befindlichkeiten sind als solches nur die Anfangssymptome, welche auftreten. Gelingt es Dir nicht, sie unter Kontrolle zu halten, können sie Dich komplett wirr und irr machen, Dein Denken gewinnt dann die Überhand und Du wirst als geistig krank eingestuft.

Deshalb beschäftigen sich auch alle alten, geistigen Wissenschaften mit dem Denken (Asien, Amerika, Indien, verschiedene Inselstaaten / deren Urvölker und Stämme).

Und ebenfalls aus diesem Grund schauen verschiedenste asiatische und indische Kulturen mit Mitgefühl hin, wie wir leben und erleben, denn sie wissen, wir haben im Schnitt einen erkrankten Geist.

Bewusstsein
nach Freud: Unterbewusstsein=90%

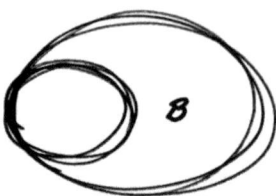

$\mathcal{D}$as Bewusstsein hat für mich ebenfalls verschiedene Namen, welche es meiner Meinung nach benennen.
Derer da sind: Intuition, Bauchgefühl und eben Bewusstsein.

Das Bewusstsein ist meiner Meinung nach nicht basierend auf dem Denken. Dieser Ansatz widerspricht in sich den gängigen Modellen in der Psychologie.
Unser Bewusstsein wird beeinflusst durch zwei Faktoren: Einerseits durch die Gefühlswahrnehmung und anderseits durch Mainstream-Einflüsse von aussen.
Diese Mainstream-Einflüsse unterteile ich wiederum in zwei Untergruppen.
Einerseits in die morphischen Felder, welche auch kollektives Bewusstsein genannt werden.
Und anderseits die Urmatrix, die Quelle, die Essenz, Gott, Allah oder Buddha.
Ich zähle verschiedene Bezeichnungen auf, weil derer viele sind, und ich so den Umfang meiner Aussage unterstreichen und aufzeigen will.

Bewusst-Sein
Konditionierung / Adaptionsprozess
$\mathcal{U}$nser Bewusstsein ist, wie beschrieben, verknüpft und in unseren Breitengraden gesteuert und überdeckt vom Denken (Ratio, Intellekt, Ego).
Das Bewusstsein ist verknüpft mit allem was war, sein wird und ist.
Mit der Zentralbibliothek des Universums, welche über die Endlichkeit an Informationen verfügt (Zirbeldrüse=Antenne / direkt gekoppelt an das Bewusst-Sein).

Es ist gesteuert von purer Liebe (der Essenz, der Quelle) und dadurch reiner Positivität.

Unser Denken wiederum splitte ich auf in Schmerzkörper, welche die Endlichkeit an niederen Schwingungen (Negativität), welche wir erfahren und erleben, sichert und speichert.
Es ist gesteuert von Angst und dadurch von Zweifel.

Das Denken und das Bewusstsein...

𝒟ie beiden harmonieren wunderbar, wenn sie kombiniert werden.
Sobald Angst, und dadurch auch Zweifel, abgelegt werden, vervielfacht sich die
Leistungsfähigkeit und die Effizienz des Denkapparates.
Es gibt verschiedene Verfilmungen, welche, genau bis verschwommen, aufzei-
gen, was die Harmonisierung der beiden mit sich bringt („Limitless", „The Menta-
list", „Hinter dem Horizont").

Wenn Dich interessiert, wie die Abspeicherung in den Schmerzkörpern (und auch
sonst) funktioniert in unserem Hirn, dann finde ich den von Jean Piaget (1896
- 1980), Schweizer Entwicklungspsychologe und Epistemologe, definierten Adaptionsprozess eine hilfreiche Stütze (Akkommodation und Assimilation).

Er beschreibt den frühkindlichen Prozess des Erlernens von Überbegriffen und
Unterbegriffen und wie diese passieren.

Ein Überbegriff ist zum Beispiel Tier, ein dazugehöriger Unterbegriff wäre der
Hund. Je mehr ein Kind Tieren begegnet und diese kennenlernt, umso grösser
wird seine Tierbibliothek.

Denken = Ego = Intellekt
nach Freud: Bewusstsein=10%

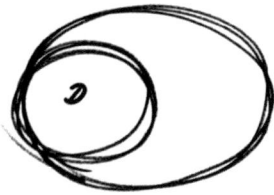

𝒟as Denken hat für mich verschiedene Namen, welche es benennen.
Derer da sind: Ratio, Vernunft, Intellekt, Ego und eben Denken.

Um das Denken im Sinne, wie ich es in diesem Buch beschreibe, zu entlarven und
massgeblich zu beeinflussen, habe ich über mein Erleben, Leben und Erfahren
einen Weg gefunden, ebendies zu tun. Diesen Weg beschreibe ich Dir, Du wunderbares Wesen.

Amen - Te Tra Gram Ma Ton - So sei es - Ho o pono o pono – A mi to foa - Aloha - Namaste

2.3 Denken
Ego / Intellekt / Ratio / weitere Ausführungen für Deinen Verstand

Ich denke....also bin ich
Cogito ergo sum

Ein Satz, der die heutige wie damalige Gesellschaft prägt und sehr treffend beschreibt.

Das Denken, als der Ort, der von der Ratio, die in zivilisierter und wohlgeformter Form Intellekt genannt wird, sitzt in unserem vorderen Stirnlappen.

Das Denken wertet, schätzt ab, normiert und ordnet. Es ist der Teil des Hirns, den die Psychologie als bewussten Teil des Denkens bezeichnet.
Das Denken ist, was uns von den Tieren abhebt und uns einzigartig und fort-schrittlich macht. Der Teil, der uns Intelligenz ermöglicht und unser stetiges Wachstum und Wissen erlaubt.

So zumindest definiert ihn unsere Wissenschaft.

Meiner Erfahrung und meiner Wahrnehmung zufolge ist das Denken eine stark missverstandene und unvollständig interpretierte Eigenschaft unseres Bewusst-seins.

Das Denken kennen alle von euch als die Stimme im Kopf. Sie wird als „Engelein" und „Teufelchen", als Moral oder Ethik oder als mahnende Stimme beschrieben und umrissen.
Es ist die Stimme, oder die Stimmen, welche andauernd in unserem Kopf verhan-delt, bewertet, einordnet, zuschreibt, zweifelt, verwirft und entscheidet.

Wenn wir alle diese Vorgänge laut aussprechen würden, dann würde offensicht-lich, wie gestört wir in Wirklichkeit sind. Das passiert aber nicht oft und nicht vielen, denn wir haben die Stimme(n) gut hinter unserer Stirn, im Grosshirn-Lap-pen versteckt.

Ich finde Ego einen sehr treffenden Ausdruck, um das Denken, in der Form wie wir es in vielen der westlichen Gesellschaften erlernen, zu benennen.

Es gibt Zitate von Indianern, die da sagen: „Ich verstehe den weissen Mann nicht. Wann immer er kommt, sucht er etwas. Er kommt nie ohne Grund, er will immer etwas haben. Sein Blick ist suchend und unruhig und seine Stirn gewölbt oder gespannt. Ich glaube, die weissen Männer sind krank."

Auf der anderen Seite bezeichnen viele indische Yogis den Westler, einige sprechen gar von der ganzen westlichen Gesellschaft, wenn sie dies sagen: „Die Menschen der westlichen Gesellschaften sind alle geisteskrank."

Sie bauen diese Aussage auf dem einfachen Umstand auf, dass wir nicht lernen, unser Denken zu konditionieren, sprich, es bewusst zu nutzen.

Der Grosshirn-Lappen verdeckt zudem zunehmend unsere Zirbeldrüse, welche in der Mitte unter unserem Grosshirn sitzt.

Die Zirbeldrüse verliert und verlor dadurch die Verbindung zum dritten Auge, welches in der Mitte unserer Augen (ca. 2 cm höher als Augenlinie) sitzt.

Die Verbindung zwischen Zirbeldrüse und dem dritten Auge ist es, was uns wunderbaren Menschenwesen die übersinnlichen Fähigkeiten und Wahrnehmungen gewährleistet und ermöglicht.

Doch wird genau diese Verbindung durch den immer stärker ausgebildeten vorderen Stirnlappen unterbrochen.

Das Denken ist der Transistor, Sender wie Empfänger, Verwalter und Schaltzentrale, welche das Universum und unser Bewusstsein koppeln und vereinen.

Deshalb ist es aus meinem Erleben und meinem Fühlen heraus wichtig, sich mit dem Denken, dem Ego, dem Intellekt, mit der Ratio auseinanderzusetzen.

Wenn Gott bei der Erschaffung der Erde nachgedacht hätte, wäre er heute noch dran, und keine der wunderbaren „Materialisierungen", die wir sind und die uns umgeben, würden existieren.

Darum schliesse ich ab mit: „Just do it!" oder auf Deutsch: „Tu es!"

Ich denke nicht... so bin ich... eins und verbunden mit allem was da ist, war und sein wird

Denken (Ego) und Bewusst-Sein / Von Disharmonie und Harmonie:

Sie sind wie zwei sich streitende Geschwister, wenn wir wunderbare und liebenswerte Wesen in die Pubertät eintreten.

Wir haben die Möglichkeit, sie klar zu strukturieren, sie zuzuordnen und zu organisieren. Es ist an uns, unser Denken zu konditionieren und so dem Bewusstsein Platz und Raum zu verschaffen.

Dies wiederum schafft uns die Möglichkeit, unsere Intuition zu schärfen und somit unsere übersinnlichen Fähigkeiten zu entfalten und zu schulen.

Das Ego besitzt, es wertet und urteilt, es teilt und verurteilt. Das Ego verlangt und ist nie zufrieden.

Sigmund Freud hat das Ego erforscht und sehr schön ausformuliert. Allerdings sind seine Studien und Forschungen zeitweise schwer mit Liebe anzunehmen. Gerade, weil er dem Ego so auf den Grund zu gehen versucht. Und das Ego hat kein Ende, es ist unendlich.

Das heisst:

(Urteil+Besitz+Eifersucht+Neid+Schamgefühl+Unzufriedenheit mal unendlich = viel niedere Schwingung)

Das treffendste Sprichwort – auch ein altes Kinderlied, welches das Ego in seinem Wesen erfasst, ist: „De Hansdampf im Schnäggeloch het alles was er will, und was er het, das will er nöd".

Amen - Te Tra Gram Ma Ton - So sei es – Ho o pono o pono – A mi to foa - Aloha - Namaste

2.4 Das Herz
Meine Göttlichkeit

Es ist unsere Verbindung zur Essenz, zur Quelle zum reinen Sein.
Indem wir unsere Herzkammer betreten, verlassen wir die Ebene der Dichte / der Materie und ziehen uns zurück dorthin, wo alles seinen Ursprung hat, wo alles herkommt und wo alles wieder hingeht. In der kleinen Herzkammer finden wir den Grund für unsere Reinkarnation: die Aufgaben, welche wir uns vorgenommen und gestellt haben und die Antwort auf alle Fragen - Liebe.

Amen - Te Tra Gram Ma Ton - So sei es – Ho o pono o pono – A mi to foa - Aloha - Namaste

2.5 Seele
Innere / kleine Herzkammer

Sie ist der Ozean unseres Seins, das Abbild des Universums und das Zuhause unseres Wesens.

Sie bewohnt die Mitte unseres Herzens und spiegelt sich in unseren Augen wider. Sie ist unsterblich und nimmt auf dem Weg zur Erleuchtung, auf dem Weg zurück zu ihrem Ursprung, zur reinen Essenz der Liebe, verschiedenste Formen, Energieverbindungen und Frequenzen an, und doch sagt sie uns immer dasselbe und hat immer die gleiche Wirkung auf uns.

Amen - Te Tra Gram Ma Ton - So sei es – Ho o pono o pono – A mi to foa - Aloha - Namaste

2.6 Gefühle (Gefühlswahrnehmung)
Sich fühlen und Sein

Wer bin ich, wie fühle ich mich, was wünsche ich mir, was brauche ich, woher komme ich und warum bin ich hier?

Sich erkennen, benennen und veräusserlichen. Sich Platz und Raum geben, um Platz und Raum zu haben. Frei atmen und sich fallen lassen, sich begreifen, anerkennen und lieben.

Sich vertrauen und auf seine Intuition und Eingebung bauen, sich höchsten Wert zuschreiben und so alles und jeden voll Liebe, Demut und mit Respekt nehmen und lassen.

Sich sehen und somit alles sehen
Sich hören und dadurch alles hören
Sich lieben und somit in Liebe Sein
Sich schätzen und dadurch geschätzt werden
Sich achtsam und gegenwärtig im Jetzt befinden und das Jetzt erleben und lieben

Sich in die Liebe stellen, das Herz öffnen und Sein, farbenfroh, voller Töne und Melodien und in Einklang und Harmonie mit allem, was da ist.
Gefühle haben Farben und Formen, Geschmack und Tiefe.
Sie sind flüchtig wie Gas und schwerelos.

Alles was sich ereignet, alles was uns begegnet, erzeugt ein Gefühl. Dieses Gefühl kennen wir gut als „Bauchgefühl".

Was aber nur wenige von uns gut können, ist das Bauchgefühl nicht nur zu hinterfragen, sondern entsprechend zu agieren und zu handeln.

Denn der Prozess den wir erlernen (Konditionierung), funktioniert anders.

Wir fühlen, denken, zweifeln, schätzen ab und handeln. Das Resultat ist meist ernüchternd.

Genauso schön und frei, wie das vorangehende Beispiel ernüchternd ist, ist die Erfahrung, wenn wir intuitiv handeln (unserem Bauchgefühl direkt entsprechend).

Amen - Te Tra Gram Ma Ton - So sei es – Ho o pono o pono – A mi to foa - Aloha - Namaste

2.7 Gefühle
Sich schätzen und pflegen

Sie sind wunderbar und enthalten jegliche Empfindung und Regung, die da ist. Sie sind, wenn wir sie als solche wahrnehmen, das Tor zur Liebe und zur Erleuchtung.

Gefühle sind es, die uns alles sagen, was es zu wissen gibt. Und wir müssen nicht darüber nach-denken, sondern nur hin-fühlen und hell-hörig sein.

Amen - Te Tra Gram Ma Ton - So sei es – Ho o pono o pono – A mi to foa - Aloha - Namaste

Kapitel 3 - Negativität und Positivität, Liebe und Angst

Wer kennt sie nicht, die zwei, das scheinbar unzertrennbare Paar, welches sich Moment für Moment, die Hand reichend, emotionale Durchbrüche auslösend, die zwei, die uns tagtäglich durch unser Sein und Erfahren begleiten.

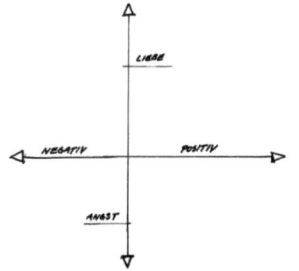

Positivität: logische Konsequenz innerhalb der Ebene der Wertung
Negativität: logische Konsequenz innerhalb der Ebene der Wertung
Angst: imaginärer Begleiter / vertrauter Begleiter
Liebe: realer Begleiter / stabile Konstante

Ich könnte die Tabelle mit Werten und Zahlen, Punkten und Linien ausfüllen und gestalten.

Die Punkte würde ich anhand von erlebten Beispielen ausführen und sie daraus erheben, sie in Buchstaben oder Zahlen (metrisch oder algebraisch) erheben und so in das Diagramm bringen – Aber für mich reicht, was ich fühle und spüre beim Betrachten dieser Darstellung.

Denn was ich mir wünsche, ist nicht, dass ich Dir aufzeigen kann, wie es für mich ist – nein, ich will aufzeigen, wie es für Dich ist.
Nimm Dir einen Moment Zeit – atme durch und platziere Deine Momentaufnahme innerhalb dieser Darstellung & atme durch.

Was ist Negativität & was ist Positivität & was haben sie für eine Bedeutung - kennst Du Darstellungen anhand von Engel & Teufel? Wenn ja - dann hast Du die zwei - Du kannst sie noch entpersonalisieren & ihrer Essenz zuordnen - Liebe & Angst – uups, das Fadenkreuz ist weg – das kann schon mühsam sein mit diesen Masseinheiten – gleich der Zeit & dem Raum – je nach Formulierung erscheinen oder verschwinden sie.

Negativität ist in verfestigter - materieller Form – Schmerz - niedere Schwingung - sie wird oft mit der Farbe schwarz in Verbindung gebracht - da uns Schwarz Angst vermittelt.

Als Sinnbild kannst Du zum Beispiel das Bild des schwarzen Loches - das den Planeten verschlingt - nehmen.

Ebenso haben viele mir bekannte Wesen und Geschöpfe Angst im Dunkeln - besonders auf Friedhöfen oder im Wald. Schwarz ist neben Rot & Gelb eine scheinbar in der Hölle sehr präsente Farbe. Schwarz steht für die Farben von Dämonen & Geschöpfen aus den Unterwelten.

Angst vor dem Tode - Existenz- & Verlustängste - Versagensangst & Angst, nicht als das wahrgenommen zu werden, als was man sich sieht...

Diese kurzgefasste & einfach ausgedrückte Sammlung von Ängsten ist, was unserem Ego, dem Intellekt, dem Denken als Grundlage dient, seine Arbeit zu tun. Dies tut es, während es uns in den Wahnsinn der Verblendung & Unterdrückung, des Egoismus & der Selbstverherrlichung treibt & schwemmt.

Diese Prozesse hat Sigmund Freud erkannt & definiert, studiert & analysiert. Wenn Du Dich also damit auseinandersetzen möchtest, dann bediene Dich seiner sehr aufschlussreichen & ausführlichen Arbeiten.

Dies ist, was mein „begrenztes" Vorstellungsvermögen mit Angst in Verbindung zu bringen fähig ist & hier folgt nun der Auftrag an Dich: Finde heraus, was Angst für Dich meint & heisst.

Gib ihr Gestalt & Form - Platz & Raum - tritt in Kontakt & Austausch mit ihr.

Sprich ihr Gefühl, Form, Raum und einen Namen zu, so dass sie sich in Dein Bewusstsein einschleusen kann.

Sowie Du diesen Prozess angetreten hast & die ANGST sich in Deinen 10% bewusstem Denken (Ego) befindet - kannst & darfst Du sie auflösen - geniesse es.

Ho o pono o pono

Die Dimension des Schmerzes ist destruktiv und zerstörerisch. Sie verschlingt Leben & Seelen - lässt Wesen sich selber vergessen & verlieren & leitet destruktives wie verletzendes Verhalten & Handeln in die Ebene der Liebe ein.

Dies ist ihr allerdings nur möglich - solange sie sich in Deinem Unterbewusstsein befindet & frei schaffen & walten kann - also hole sie in Deine Wohnung - in die 10% Deines Denkens.

Ist sie deshalb schlecht?...

Meiner Meinung nach nicht...

Für mich ist sie ein wesentlicher und wichtiger Teil der Ebene - in der wir leben und erleben. Sie ist meine Begleiterin und Weggefährtin gewesen für den grössten Teil meines bisherigen Lebens. Sie hat mich dahin geführt, wo ich jetzt bin & sie ist das Fundament der Liebe – genauso wie das Fundament der Angst – die Liebe ist.

Amen - Te Tra Gram Ma Ton - So sei es – Ho o pono o pono – A mi to foa - Aloha - Namaste

3.1 Liebe gegen Angst
Ur-Vertrauen vs. Ur-Misstrauen / actio=reactio

Die Befindlichkeit oder aber der spirituelle Ort (feinstofflich und internal), an dem sich die Mutter befindet, sowie der spirituelle Ort (feinstofflich und internal), an dem sich der Vater befindet, entscheiden über die Grundsubstanz, welche aus dem Lieben von Mann und Frau entsteht.

Während der Zeit, die der Fötus im Gefährt der Mutter heranwächst, ist er direkt mit dem Bewusst-Sein, dem Denken, sowie der Wahrnehmung von ihr verbunden.
Der Fötus, sowie später der heranwachsende Mensch, absorbieren in dieser Zeit die Grundinformationen, welche entscheidend auf die Kunst des Lebens und Erlebens einwirken. Sie werden das Grundprogramm und Gerüst, welche im vorangehenden Absatz erklärt wurden, für alles spätere Lernen, Leben und Erleben bilden.

Sowie das Kind die Ebene der Dichte erfährt, entscheidet die zuverlässige, liebevolle und selbstlose Versorgung des Kindes über die Fertigstellung dieses Gerüstes.

Das Grundgerüst, welches ich hier beschreibe, trägt entweder den Namen Urvertrauen oder Urmisstrauen.
In Bezug auf diese Ausdrücke gibt es viele Studien und Lehrmittel, Sachbücher und Anlaufstellen, welche ausführlich erklären können, was diese Ausdrücke genau beschreiben.

Ich nehme mich dieser Eigenschaften dieses Grundgerüstes an, da sich anhand dessen verschiedene Typen entwickeln können.

Ein Wesen, das misstrauisch und vorsichtig, zögernd und wankelmütig im Erleben steht, das ist in seiner Grundsubstanz der Typologie des Ur-Misstrauens entsprechend.

Während ein Wesen, welches zielsicher und voller Selbstverständnis, optimistisch und voller Selbstvertrauen ins Erleben hineintritt, eher der Typologie des Ur-Vertrauens entspricht.

Aktion und Reaktion sind, wie Liebe und Angst, zwei unzertrennliche Partner, zumindest innerhalb der Materie.
Wenn etwas zu Boden fällt, prallt es auf. Wenn jemand singt, kann man den Ton hören, wenn man sich in Nähe des singenden Wesens befindet.
Wenn man trinkt, löscht man dadurch den Durst.
Einfache Beispiele, welche aufzeigen, was Aktion und Reaktion bedeuten.

Wenn Dir Aggression begegnet, was tust Du dann?
Wenn Dir Leid widerfährt, was tust Du dann?
Wenn Dir Glück widerfährt, wie verhältst Du Dich?
Wenn Du traurig bist, was machst Du?
Um Dich und Dein unendliches Potenzial im Erleben zu platzieren, was unternimmst Du?
Wenn Du frei und ungebunden bist, was machst Du?

Nimm diese Fragen auf und an und trage sie mit in die Blaupause dieses Kapitels.

Kapitel 4 - Entwicklung innerhalb der Dichte
Das Sein & dessen Reise

Dieses Kapitel setzt sich zusammen aus dem Erfahren und Erleben in meinem Leben. Die Erkenntnis ist eines, das Erleben und Erfahren ein weiteres & die Stimme meines wie Deines Herzens das Wegweisende. Wir lernen mit dem Kopf zu denken in den westlichen Gesellschaften – jedoch nicht unseren Kopf zu steuern. Das Resultat ist der unberechenbarste und interessanteste Selbstversuch, der mir bekannt ist – der wilde & unkonditionierte Geist – gefüllt mit Wissen und aufgebaut auf Angst.

Um die Dichte zu verstehen, um Dich mit der Dualität einzulassen, sollst & darfst Du Dein Herz benutzen. Ich hoffe – ja wünsche Dir, dass Du Deinen eigenen Weg findest – alles was ich beschreibe & erzähle – sind meine Erfahrungen & Gefühle

– Wahrnehmungen & Eingebungen & wenn sie das erzeugen, was ich beabsichtige – dann erzählst Du bald die Deinen – oder hast schon begonnen – Ho o pono o pono – Liebe ist & so sind wir.

Die Stufen, welche der Pyramide von A. Maslow angehängt wurden, mögen fantastisch wirken – sie mögen seltsam scheinen & unverständlich.
Oder aber bekannt & vertraut – vielleicht entlockt gerade Dir – Du wunderbares Du – die eine oder andere Ausführung in den folgenden Abschnitten ein Lächeln oder Schmunzeln – so oder so, geniesse es.

Amen - Te Tra Gram Ma Ton - So sei es - Ho o pono o pono – A mi to foa - Aloha - Namaste

4.1 Die Evolutions-Pyramide
Bedürfnisse & Bewusstsein / die 12 (13 kommt danach - oder auch 0) Himmel zwischen Erde & Himmel

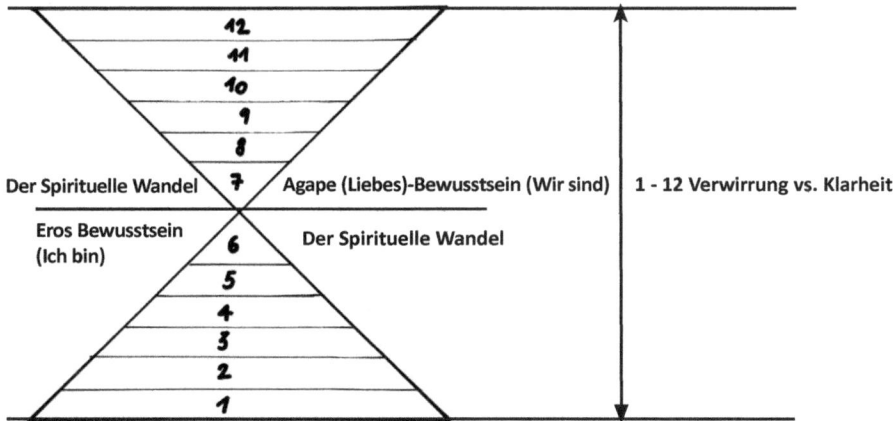

$\mathcal{D}$ie ersten fünf Stufen führe ich nicht aus – Ich gehe davon aus, dass Du die Bedeutung – gemessen an Deinem Leben – der aufgeführten Bedürfnisse selber aufschlüsseln kannst. Falls Du Dch aber genauer damit auseinandersetzen möchtest, füge ich hier noch weitere Angaben über A. Maslow an.

Sein Name war Abraham Maslow – er war Humanpsychologe in Amerika - er war jüdisch-ukrainischer Abstammung, kurz vor seinem Tod – nämlich 1970 setzte er die Transzendenz noch auf die Pyramide – er machte unter anderem mit Albert Einstein Studien.

1. Physiologische (körperlich) Bedürfnisse
2. Sicherheitsbedürfnisse
3. Soziale Bedürfnisse
4. Individualbedürfnisse
5. Selbstverwirklichung
6. Transzendenz (Überwinden des Egos / Ratio / Geistes / Verstandes / Ich bin) Eintritt in die Ebene des Seins - Gott (Überwinden der Eros-Liebe)

Mich persönlich überrascht es nicht, dass diese Stufe der Pyramide erst kurz vor dem Tod zu Abraham Maslow fand – denn sie ist schon sehr feinstofflich & seiner Zeit entsprechend eine sehr tiefe Einsicht.

Wenn ich hier von seiner Zeit Rede – dann meine ich nicht die Jahreszahl unserer Zeitrechnung – sondern die der Inkas – oder des Widderzeitalters, welches dem Wassermannzeitalter voranging, mit all seinen Eigenschaften von Leid – Krieg – Machtspielen & Unterdrückung.

Transzendenz kann gleichgesetzt werden mit prosozialem (sozial) oder altruistischem Verhalten (buddhistisch).

Und dies ist, meiner Meinung nach, zwingend das Resultat aus dem Glauben. Für mich ist es der Glauben an die Liebe & so an Gott – Gott in mir – denn alles was da ist – ist das Abbild meiner Seele.

Nun, das ist Dir überlassen – an was Du glaubst & glauben willst – denn das Einzige, was für Dich existiert, ist Deine Realität, welche automatisch auch Deine Wahrheit ist & genau diese Wahrheit ist heilig und einzigartig – verstecke sie um keinen Preis.

In der Auseinandersetzung mit anderen Menschen in einer Gruppe (Beispiel) frage ich mich nicht als Erstes, wie meine Bedürfnisse & deren Befriedigung am besten & zuverlässigsten passieren können – sondern, wer was braucht, damit die Bedürfnisse der Gruppe & deren Befriedigung am besten & zuverlässigsten passieren können – frei vom Gedanken, was ich davon profitiere – was das meinem Status oder Lohnanteil zu- oder abträgt.

Aus Glauben an die Liebe eben.

Stufe 6: Das Erwachen - Der spirituelle Wandel
Weibliche wie männliche Energie – vor & nach dem Wandel

Die unglaublichen Umstände, welche das Entwickeln des wilden Denkens zum befriedeten Denken mit sich brachten, wurden in den USA bereits erforscht und veröffentlicht.

Allgemein gesprochen, kennst Du bestimmt den Vergleich vom schlafenden & erwachten Menschen. Nun, anhand der Ausführungen in diesen Abschnitten, erhält diese Ausdrucksweise ein Gesicht & eine Zugehörigkeit – sie wird für den Verstand erfassbar.

Dies war für mich – der zwar immer auf sein Herz gehört hat – sehr wichtig – denn um den Verstand zu überwinden, musste ich ihn mit erfassbaren Werten & Angaben füttern & davon überzeugen, dass das, was mir mein Herz sagt – seit ich es aktiv höre – seit der Zeit wo der Verstand es zu unterdrücken versucht – nicht nur schön – sondern absolut richtig ist – Amen.

Die männliche Energie

1. Reichtum	1. Spiritualität
2. Abenteuer	2. persönlicher Frieden
3. Erfolg	3. Familie
4. Vergnügen	4. Gott / Glauben / Gewissheit
5. Respekt	5. Ehrlichkeit / Authentizität

Die weibliche Energie

1. Familie	1. inneres Wachstum
2. Unabhängigkeit	2. Selbstsicherheit
3. Karriere	3. Spiritualität
4. Angepasstheit	4. Zufriedenheit
5. Attraktivität	5. Vergebung

Die Stufe des spirituellen Wandels – wird & wurde von verschiedensten Menschen aufgearbeitet – erforscht & studiert. Ein Buch, welches dies sehr schön macht ist: Quantum Change: When Epiphanies and Sudden Insights Transform Ordinary Lives (Englisch) von William R. Miller und Janet C'de Baca.

Eckhart Tolle – Neal Donald Walsch – Dr. Wayne Dyer – Nelson Mandela – John Lennon & viele Lehrer wie Lehrerinnen aus den asiatischen sowie anderen alten Kulturen, welche nicht durch den Einfluss des Westens verstummt sind - tun dies tagtäglich & immerfort – in der Gewissheit, dass die Liebe der Weg ist & der Weg das Ziel.

Die Punkte sieben bis 13 sind meinem Erleben & Erfahren in der Realität sowie den Gefühlen – Farben & Formen meiner Visionen im Jahre 2013 entnommen. Ich schwebe meiner Wahrnehmung nach zwischen 11 & 13 – Ich durfte mit 21 – 28 & 32 Jahren zwischen einer bis fünf Wochen im Zustand & dem Fühlen dieser Stufe erleben & erfahren – es ist unvergleichlich – muss es ja wohl sein, wenn es ist, was ich es nenne, in diesen Kapiteln.

Stufe 7: Frei sein von Widerstand (Agape-Liebe = Ebene der göttlichen Liebe)
Das Integrieren von Umständen & Erfahrungen

Die Agape-Liebe ist ein - durch die griechischen Überlieferungen geprägter Begriff – er findet sich dann wieder im Christentum. Die Liebe ist in diesem Zusammenhang göttlich & die westliche Formulierung für das, was die Buddhisten Altruismus nennen (in seiner Anwendung) oder wir in der Psychologie als prosoziales Verhalten kennen.

Integrieren heisst, widerstandslos annehmen & dadurch den Sinn in allem erfahren – zurückgreifend auf alle Leben, die wir gelebt haben & vorgreifend – hinein in alle Leben, die wir leben werden – dieser Prozess ist göttlich & pure Kreation – im Namen des Weltenfriedens – des Friedens mit uns selbst und des unendlichen Potenzials, welches wir sind.

Als nächstes ist das Loslassen von Widerständen ein Begleiter. Begebenheiten wie der Abwasch nach dem Essen – das Abräumen des Tisches – das Aussprechen von Wahrheit im Namen der Klärung & des vertieften Verständnisses – das Ausführen des Hundes der Nachbarin, die in den Ferien ist – das Räumen des Kellers.

Es ist ein umfangreiches Thema & es geht vom Wechsel des „ich muss" – zu „ ich darf" – genauso wie von „nein, nicht schon wieder" – zu „noch so gerne" – von „ich werde gesteuert" - zum selbstständigen und bewussten „beeinflussen & steuern."

Das frei sein von Widerstand äussert sich in sozialem Verhalten – im Sprachbild & auch gut erkennbar im Lachen einer Person.

Diese Eigenschaften sind sehr klare Hinweise auf das Auflösen (nicht vorhanden sein) von Widerständen.

Wenn sich das Lachen mehrt & heller wird – wenn die Person offener & zugänglicher wird – mehr von sich teilt und weitergibt & wenn die Sprache fliessend wird & frei von negativen oder vulgären Zusätzen – dann passiert doch da offensichtlich was.

Stufe 8: Achtsam sein
Das Überbrücken von Zeit

𝒟iese & die folgende Stufen sind sich sehr nahe & ähnlich in ihrer Aussage – ich teile sie jedoch auf in den inneren & äusseren Wandel.
Die achte Stufe steht für den inneren Wandel – welcher durch Veränderungen in der Wahrnehmungs-Methode verursacht werden kann.

Sehen
Über knapp drei Monate habe ich mich auf dem Weg zur Arbeit & ebenso auf dem Weg nach Hause darauf konzentriert, meine Augen immer auf den weitest entfernten Punkt im Sichtfeld zu fokussieren. Das hat dann zur Folge, dass sich meine Augen kaum bewegen & meist starr scheinen, wie geöffnet sind.
Interessant ist, dass ich dadurch mehr sehen kann – denn ich bin fokussiert auf das gesamte Sehfeld meines Auges & es wirkt entspannend auf meine Augen und vor allem auf meinen Geist.
Viele andere intensive & eindrückliche Begebenheiten & Erlebnisse haben sich durch diese Übung ergeben.

Fühlen
Gefühle passieren im Herzen & nicht im Kopf – auch über ungefähr drei Monate habe ich mich auf diese Begebenheit konzentriert.
Sprich, sowie sich ein Ereignis ergibt, welches Gefühle auslöst, welche sich - wie sie in mir sind – in mein Denken drängen – angekündet durch: Wärme steigt auf – hinter den Ohren – auf der Stirn – Fragen wie: „Warum – wie – wann – wer – weshalb?" zeichnen sich ab.
Sofort durchatmen – Gefühle zurück ins Herz leiten (geistig & körperlich) – hinsetzen – meditieren – den Geist zur Ruhe bringen – das Gefühl nun separat im Herzen fühlen – willkommen heissen & ihm entsprechen. Sprich weinen – lachen – geniessen – schmunzeln – lächeln – was auch immer es mit & in sich trägt – nimm es an & lass es gehen, genau so wie es gekommen ist.

Sprechen
Gerade in dieser Zeit (um die 6 Monate / fühlen & sehen) passierte ein grosser Wandel in mir.
Mir begegnete das Sprichwort: „Reden ist Silber – schweigen ist Gold", oft – wie vor allem in meinen jungen Teenagerjahren & damals machte es nie Sinn für mich.
Und dann – plötzlich höre ich es wieder und es ist mir, als ob die Sprache – das Wort – die Aussagen – gekoppelt würden mit Schwingung – Farbe & Ton – mit

zusätzlicher Intensität & ich denke mir: „Natürlich ist schweigen Gold & reden Silber – denn der, welcher redet, kann nicht hören – er ist blind im Moment, in dem er spricht."

Natürlich ist reden wunderschön, genauso wie das Zuhören – und es gibt Unmengen von möglichen Übungen, welche Du machen kannst um in die Achtsamkeit zu kommen.

Der wichtigste Begleiter ist in jedem Falle die tägliche Meditation im Lotus-Sitz – nicht die Zeit ist wichtig, sondern dass Du Dir die Zeit nimmst.

Stufe 9: Sein im Jetzt
Das Verweilen im Augenblick

*N*un, wie im vorangehenden Abschnitt angekündet – auf dieser Stufe geht es um das Aussen.

Ich nehme mir hier die Ausdrucksweise von Lao Tse zur Verfügung, wie er von den 1000 Dingen spricht.

In dem Moment, wo Du im Jetzt ankommst, finden die tausend Dinge zusammen – denn Du betrachtest sie als eines.

Ob nun im Abschnitt des Fühlens – im Abschnitt des Sehens oder wenn ich im ersten Teil des Buches von dem Gedanke erzähle & schreibe.

Es ist alles eins & wie mein Geist in seinem Zentrum ruht, kommt auch alles um mich zur Ruhe. Wie sich das für mich angefühlt hat? Nun, ich hatte plötzlich nicht mehr das Bedürfnis, das National Geographic anzusehen, da ich selber die unglaublichsten und schönsten Sachen zu sehen begann & das in meiner nächsten Umgebung – es war & ist bezaubernd – einzigartig & wunderbar – Danke.

Stufe 10: Sein in Liebe zu allem, was da ist
Wenn das Bewusstsein sich einschaltet

*E*s ist ganz klar so, dass das Ausführen & Beschreiben dieser Stufen & deren Inhalte mir eine unglaubliche Freude bereiten – denn sie spiegeln meine Entwicklungen über die vergangenen Jahre wider.

Ja & das ist ein wesentlicher Bestandteil der zehnten Stufe – die Liebe zu allem, was da ist – die Dankbarkeit & Milde als wesentlicher Bestandteil der Persönlichkeit.

Der Stuhl, auf dem ich sitze – der Boden, auf dem ich gehe – das Essen, das mich nährt – die Menschen, die um mich sind – eben alles, was da ist – ist Liebe & ja, ich liebe es.

Stufe 11: Sein, frei von Angst -Schmerz & Mangel
Liebe ist immer da – in unerschöpflicher Fülle

Angst – Schmerz & Mangel, sie sind mir – wie bestimmt auch Dir – gute Bekannte & Verwandte – tägliche Begleiter wie Bekannte.
Nun, ich halte die Ausführungen dieser Stufe kurz.
Alles um mich ist Illusion – Ich bin Frieden – Ich bin Glück – Ich bin Liebe – Ich bin Harmonie – Ich bin frei von Rolle & Zuschreibung.
Alles in mir ist Realität.
Also, was war Jetzt genau die Frage???
Ich verspüre klar immer mal wieder Fragen & Anregungen, die aus diesen Themen heraus entspringen – doch es ist Hintergrund-Geflüster & Gemurmel – es ist ein leises Rauschen und Flimmern – ein Bestandteil des Ganzen & dabei kein unwesentlicher – denn es stellt das Fundament dar – die Stufe Null, auf der die Pyramide aufbaut.

Stufe 12: Gleichmütig sein – alles gilt gleiches
Frei von Wertung & Wettbewerb

Diese zwölfte Stufe bringt ein Wort mit sich, das es nicht gibt – Gleichmut – Ich habe es zusammen mit meiner Tante von Gleichgültigkeit abgeleitet.
Da die Gleichgültigkeit eher mit schlechten Gefühlen behaftet ist, haben wir es zurückverfolgt & kamen auf den Wortstamm – es gilt gleiches.
Diese Aussage hat keinerlei für mich spürbare Behaftung – sondern eine klare Aussage – nun war also die Frage, wie wir diese Aussage in ein Wort übertragen könnten & ja, dabei erschufen wir ganz einfach ein neues – eben den Gleichmut – welcher da steht für den Mut, Gleiches & so Gerechtes zu tun oder eben auch nicht & Gleiches gilt für alles & jeden.

Nun, die Liebe zu Dingen & Sachen – materiell wie körperlich – treibt uns an zu Höchstleistungen zum einen & zerschmettert uns am Boden zum andern.
Die Gegenüberliegende der Liebe ist die Gleichgültigkeit.

Dies ist ein letzter Sprung in völlig unbekannte Gewässer gewesen für mich – denn es waren die Emotionen – die Gefühle und die vermeintliche Liebe, die mich getrieben haben – seit jeher.
Ich hatte einen guten Freund, mit dem ich über Jahre Kampfkunst studierte – er hatte diesen Punkt – die Gleichgültigkeit (Gleichmut) in der Meditation in Thailand erreicht.
Nach kurzem Verweilen in diesem Zustand machte er sich auf zur nächsten Bar,

um sich ein Bier zu bestellen – denn als begabter und einzigartiger Musiker & Liebhaber von vielem & manchem, wollte er diese vermeintlichen Eigenschaften der Liebe nicht loslassen.

Für mich sind es vermeintliche Eigenschaften – ich geniesse mein Leben sehr seit dem Ablegen dieser mich treibenden Elemente & geniesse die Möglichkeit, in jedem Falle voll & ganz selber über mein Befinden & Verhalten entscheiden zu können.
Es ist gewöhnungsbedürftig, doch wunderschön – Danke.

Hier noch ein paar abschliessende Beispiele als Anregung:
- Freude haben – nicht übermütig sein
- Geniessen – nicht verschwenderisch sein
- Mut haben – nicht leichtsinnig sein

Stufe 13 (oder auch 0): Liebe ist & so sind wir / Schöpferebene / Entfaltung des menschlichen Potenzials
Im Austausch mit allem, was da ist – fein- wie grobstofflich

𝒟er Himmel, das Paradies, Avalon, die heiligen Gärten, der Olymp oder die Prophezeiungen von Celestine beschreiben sehr genau die Fülle der Leere, welche die Feinstofflichkeit dieser Ebene in sich birgt.

Ich habe diese Ebene nicht erreicht & kann sie aus diesem Grund nur umreissen. Die Modelle betreffend dieser 13 Himmel – der Räume, durch die wir reisen & die Schwelle mit dem Namen des spirituellen Wandels kamen mit meinen Visionen ab Mai 2013 zusammen. Auf meinen bevorstehenden Reisen – zusammen mit den Informationen aus den Visionen & Eingebungen der vergangenen drei Jahre – wird sich dieser Nebel – so nehme ich an – weiter lüften.

Das Buch – der Prophet – von Khalil Gibran gibt meinem Fühlen & Spüren nach wunderbar kurz & klar wider, was dieses Bewusstsein ist – wie es sich ausdrückt & wie es zu unserem Entwicklungsstand steht & auch wie es auf ihn wirkt (passiert beim Lesen).

Dies ist die Schöpfer-Ebene – das Zuhause des Jesus – des Krishna – Gottes – Allah – der Liebe – Buddhas – des Lao Tse – des Mirin Dayo – der Rosenkreuzer & des Papstes Franziskus – ja, er repräsentiert die neue Welt – als Bewusstsein – nicht im Kopf, sondern im Herzen, denn dies ist unsere Verbindung – wir erschaffen aus dem Herzen.

Tausende, wenn nicht Millionen Menschen haben, trugen & tragen dieses Bewusstsein in sich – und es ist nicht wichtig, ob sie gehört werden oder nicht – genauso wie es nicht wichtig ist, ob dieses Buch gelesen wird – denn Gedanke – ob abgesendet, aus dem Kopf oder manifestiert als Schrift, manifestiert sich innerhalb der Dualität (Dichte). Folgend den ihr eigenen Begebenheiten.

Wie die Information sich in mir ansammelte und zusammenfand – ich hatte zu diesem Zeitpunkt gerade die erste Auflage – Mein Weg zur Liebe – für Familie & Freunde gedruckt & verteilt – war mir klar, dass ich ergänzende & aufbauende Information für das Buch erhalten hatte – bis diese nun hier auf diese Seiten gefunden hat, ist gut ein weiteres Jahr vergangen – ein Jahr, in dem ich sortiert – angenommen – integriert & so los- & zugelassen habe.

Wir sind unendliches Potenzial & der Weg ist das Ziel – wir wissen viel, doch tun wenig – doch das Tun ist die heiligste Sache und unser Lebenselixier. Wir haben uns im Intellekt – dem Geist – dem Denken oder auch – dem Ego verloren & verstrickt.

Zudem natürlich auch in dem Moment, wo die Gesellschaften explosionsartig wachsen & Regierungen wie Länder nicht mehr die Musse & Freiheit haben, sich um die Welt – die Mutter Erde zu kümmern – sondern um sich selber sorgen müssen.

Das tönt doch superlustig, gemessen am Umstand, dass es ausser dem Planeten Erde aus Sicht des Menschen und all den Wesen mit denen wir auf der Erde weilen dürfen – nichts real ist, denn der Planet selber – denn er gibt uns alles was wir haben – ermöglicht uns, hier zu inkarnieren mit den Bedingungen, die er uns stellt & nimmt uns wieder auf, wenn wir unsere Erfahrungen gemacht haben & unser Licht erlöscht.

Stufen 1- 12: Verwirrung vs. Klarheit
Geistige Krankheit oder einfach eine Gabe

Wenn jemand Stimmen im Kopf hat – Pause – das haben wir alle – dann ist das Thema nicht die Stimmen, sondern die Unfähigkeit, mit diesen Stimmen umzugehen.
Genau gleich verhält es sich mit Gefühlen & Geräuschen wie sämtlichen anderen – realen oder imaginären Wahrnehmungen.

Was wäre, wenn wir lernen, mit Stimmen in den Austausch zu gehen – auf Eindrücke & Wahrnehmungen einzugehen – wenn wir lernen würden, unseren Geist zu steuern, statt von ihm gesteuert zu werden?

Ich gehe davon aus, es wäre eine einzigartige Möglichkeit für die – welche von solchen Wahrnehmungen betroffen sind & eine grosse Chance für den Menschen, sich zu entwickeln – denn bis anhin wurde das meiste von der Norm abweichende auseinandergenommen – untersucht oder es ging einfach so verloren – und wie soll dann Entwicklung passieren?

Im Namen des Weltenfriedens – Im Namen allen Seins auf der Erde und da wo es sonst noch ist – los geht's....

Amen - Te Tra Gram Ma Ton - So sei es - Ho o pono o pono – A mi to foa - Aloha - Namaste

4.2 Die 13 Himmel
Das Paradies, in dem wir leben

$\mathcal{A}$lles was da ist, ist Liebe – von ihr sind wir gekommen & zu ihr werden wir zurückfinden. Ich entnehme meinem Erleben & Erfahren – der Sagen- & Märchenwelt sowie der Mythologie, dass wir uns JETZT im Paradies befinden.

Ich kenne gar den Geruch – das Gefühl – die Farbe & die Vibration des Paradieses. Und voller Vertrauen & Zuversicht sage ich an dieser Stelle: Wer denn nicht? Dies ist ein Punkt, an dem wir uns schon einmal getroffen haben – in Bezug auf Kundalini-Erlebnisse – im Zusammenhang mit Verliebt-Sein – in Momenten im Sport oder den lang ersehnten Ferien.

Doch mit all dem, was ich hier in diesem Buch aneinanderreihe und darlege, bezwecke ich nicht Momente zu beschreiben, sondern ich suche so einen Weg aufzuzeigen. Ich spanne einen Bogen über Zeit & Raum – trete aus dem, was wir Realität nennen und ich als Dualität – als Dichte bezeichne, heraus & trete voll & ganz ein in die Welt des Geistes – des Denkens – des Intellektes & der Ratio – denn sie ist der Schlüssel zum Herzen – zum Spirit – zur Seele & so zum Eins-Sein.

Wir wissen beim besten Willen nicht, warum wir hierhergekommen sind & unsere gegebenen Aufgaben wie Herausforderungen überrumpeln den ungeübten Verstand und den fragilen Willen unwillkürlich.

Doch wird der Verstand geübt und der Wille geschult; sind wir bereit, unser Leben selbstständig zu gestalten & der Information der Liebe (Eins-Sein) zu entsprechen.

Ich gehe davon aus, dass wir über einen kurzen oder langen Zeitraum durch 13 Portale gehen. Wie wir das 13. durchschreiten, stellen wir uns – frei von Ego & Widerstand – ins Licht der Liebe.

Buddha – Jesus & Mohammed sind die bekanntesten Namen, welche für Personen stehen, die das 13. Portal durchschritten haben.

Zu bemerken ist, dass die Gesellschaften damals wie heute nicht interessiert sind daran, gesund zu sein – frei von Leid – frei von Schmerz – frei vom Krieg – frei von der Unterdrückung – denn es ist ein uns unbekannter & deshalb – nicht willkommener Zustand.

Ich für mich habe etwas zu sagen & tue dies in Liebe und voller Gutmut wie Freude – denn all diese Information hat zu mir gefunden – als Ganzes und genau dadurch so wunderbar Unvollständiges. Doch ich habe mein Wesen gefestigt & zu davor ungekanntem Vertrauen in Gott – in die Liebe zu allem, was da ist & so ins Universum gefunden & ich wünsche Dir, Du einzigartiges Sein, nichts weniger denn dies – erkenne & begreife Dich als unendliches Potenzial.

Die Reise durch die 13 Tore stehen meinem Erfahren nach in direktem Zusammenhang mit den von Rudolf Steiner (Anthroposophie) beschriebenen Lebens-Siebten. Was sich auch rechnerisch durchaus mit unserer jetzigen Lebensdauer vereinbaren lässt – bei dreizehn Mal sieben wären wir auf 91 Menschenjahren.

Das Reisen durch die Tore & dazugehörige Ausführungen wie Beispiele sind am Anfang des dritten Teiles – sprich, in der Eröffnung dieses befreienden – wunderbaren wie einengenden & befremdenden Kapitels zu finden.

Die 13 Tore stehen für alles, was da ist zwischen Himmel & Erde – den Äther – die Luft – das Nichts – die 99.99 Prozent der Realität (quantenphysikalisch betrachtet) – welche wir nicht wahrnehmen – bis wir dann das 13. Tor durchschreiten.

Entweder ist Dir diese Ausführung fremd & sie scheint Dir an den Haaren herbeigezogen & völlig absurd – oder Du lächelst Jetzt – ja genau Jetzt – weil Du auf dem Weg bist – die 13 Pforte schon durchschritten hast oder aber einfach weisst, welche Energie in den Worten & Bildern dieser Kapitel für Dich eingebettet wurden - entfalte Dich und erwache – willkommen im Paradies.

Amen - Te Tra Gram Ma Ton - So sei es - Ho o pono o pono – A mi to foa - Aloha - Namaste

Kapitel 5 - Das Wesen - Der Äther
Die Mutter und der Vater

Die Mutter ist allgegenwärtig, sie hört Dich immer und ist immer für Dich da. Sie ist das Wasser, die Erde, der Mond und die Natur.

Der Vater ist allgegenwärtig, er hört Dich immer und ist immer für Dich da. Er ist das Feuer, der Wind, der Himmel und die Sonne.

Der Äther ist das, was die Ebene der Dichte beinhaltet. Dieser Inhalt unterteilt sich auf 8 Dimensionen.

Wir leben innerhalb und durch den Äther. Und je besser wir ihn verstehen, umso besser verstehen wir das Leben und Erleben.

Wir sind immer in Kontakt mit allem, und unsere Gedanken und die damit verknüpften Intentionen (Absichten) entscheiden über Sein oder Nicht-Sein.

Amen - Te Tra Gram Ma Ton - So sei es - Ho o pono o pono – A mi to foa - Aloha - Namaste

Kapitel 6 - Die Dimensionen
Das Erleben in der Matrix

Die 5 Elemente der Dichte
Holz
Erde
Metall
Wasser
Feuer-Wind

Die Elemente setzen sich zusammen aus Elementalen.

Die Elementale sind Seelen der Infraastral-Region, welche gewisse Elemente dar-stellen, von denen diejenigen die wichtigsten sind, welche die Erde bilden. Diese Wesen ernähren sich von den Energievibrationen der Elemente. Die Erde besteht aus 4 „Energien", und dementsprechend hat jede dieser Schichten seine Gruppe von Elementalen, welche einen „menschlichen" Körper annehmen, damit wir sie sehen und begreifen können. Das heisst, es ist die intelligente Kraft, die herrscht und jedes Element koordiniert.

Die Kosmogonie sagt, dass diese Wesen schon vor dem Menschen existiert haben und als die Erde noch eine undefinierbare Masse war und unbewohnt, waren die Elementale präsent und halfen den höheren Seelen beim Aufbau und der Ordnung der Welt. Offensichtlich, jedes Mal, wenn ein Element erscheint, generiert es eine Vibration und die Konsequenz davon ist ein Elemental. Sie sind verknüpft mit der perfekt restrukturierten und hierarchisierten Magie, wie der ganze Kosmos.

Zum Beispiel (für ein besseres Verständnis): Wir sind sicher schon alle mal in einen Wald eingetreten und fühlten uns von vielen unsichtbaren Augen ange-schaut? Sicher haben wir uns auch schon instinktiv NICHT auf einen bestimmten Stein gesetzt, nur weil vielleicht weiter vorne ein grösserer war. Oder wir sind über eine Wasserpfütze gestrauchelt? Sicher hat sich auch jeder mal erfüllt ge-fühlt mit Frieden und Ruhe oder wir haben uns unwohl gefühlt bei einem alten, knorrigen Baum oder in einer dunklen, verborgenen Grotte. Was ist der Grund? Einfach wegen der Vibrationen oder Disharmonien mit uns selbst.

Wir müssen einsehen, dass, wenn das Elemental in sich diesen Effekt produzie-ren würde, wäre das Empfinden global, für alle gleich, sobald sie sich an den Ort begeben würden. Aber das Gegenteil, etwas viel Tieferes, ist der Fall: es ist wie eine Emanation, die z.B. vom Stein aufsteigt und welche uns entweder anzieht oder abstösst, ohne sichtbaren Grund. Das ist der Effekt des Elementals. Wir kön-nen sagen, dass das Elemental die Seele (oder die Potenz) der Elemente ist. Sowohl die pantheistischen Religionen, welche glauben, dass alles eine Seele hat, wie auch die Schamanen überall auf der Welt, haben deswegen die Elemen-tale Naturgeister getauft und beschwören sie unter den Namen Wasser-, Feuer-, Luft-, und Erdgeister. Das ist ein Teil der Magie der Elemente, in welcher man die Elemente als Urmaterial benutzt, Repräsentanten einer höheren Macht: die natürlichen Elementale.

Es gibt auch sogenannte künstliche Elementale, aber diese grenzen an höhere Magie und sind nicht Thema dieses Buches. Ich möchte noch darauf hinweisen:

Die Magie der Elementale ist kein Spiel. Sie ist von einer grossen Macht, und nur weil die Wesen sich als graziöse Elfen etc. präsentieren, heisst das noch lange nicht, dass sie naiv und harmlos wären.

Eine Seite ist, die Macht kennenzulernen und sie mit dem nötigen Respekt und Seriosität in Fällen zu benutzen, wo sie dringend nötig sind (wie ja auch manche die Engel rufen etc.), und die andere Seite ist Merlin zu spielen.
Was ist ein Elemental oder Urkraft?

In der ätherischen Region, in der 4. Dimension, leben diese Geschöpfe, welchen wir den Namen Elementale geben, denn sie leben in den Elementen.
Das Feuer ist voll von diesen Geschöpfen, ebenso die Luft, das Wasser und die Erde. Es gibt keinen Baum, welcher nicht bewohnt ist, die Pflanzen haben Seelen und die Seelen bergen die Mächte der Göttin-Mutter der Erde. Die Seelen der Pflanzen sind die Elementale der Natur. Diese unschuldigen Geschöpfe haben ihren Garten Eden noch nicht verlassen und dadurch ihre magmatische Kraft noch nicht verloren.

Namen in den verschiedenen Kulturen:
Für die Geschöpfe des Feuers hat man schon seit Urzeiten den Namen „Salamander" gegeben, jene der Luft nannte man „Elfen", die Wesen des Wassers haben die Namen „Ondinen", „Nereiden" oder „Sirenen", die Geschöpfe, welche zwischen den Steinen in der Erde wohnen, nannte man „Pygmäen" oder „Gnome". Es ist klar, dass die Form dieser Wesen stark variiert.

„Silvanos", „Dríadas", „Hamadríadas" und „Faune" wurden die Pflanzenwesen auch genannt. Mit diesen Elementalen arbeitet der gnostische Arzt. Es sind die Dussi des Sankt Augustin, die Hadas des Mittelalters, die Dore Oigh der Gallier, die Grove und Medens der Irländer und die Anime der weisen Ärzte, der Indios der Sierra Nevada von Santa Marta (Kolumbien).

Die Formen
Die Geschöpfe des Feuers sind schlank und dürr und vergleichbar mit Grillen oder Grashüpfern, nur dass sie grösser sind.
Die Geschöpfe der Luft sind vergleichbar mit Kindern mit sonnigen Gesichtern.
Die Geschöpfe des Wassers haben viele Formen. Manche sind vergleichbar mit wunderschönen Frauen, glücklich zwischen den Wellen des Meeres, andere haben Formen einer Meerjungfrau, andere wiederum bewohnen die Bäche und Flüsse.
Die Gnome oder Pygmäen sind alte Geschöpfe mit weissen Bärten, welche, die Schätze im Inneren der Erde bewachen.

Warum sehen wir heute diese Geschöpfe nicht mehr? Es liegt an unserem Intellekt, ohne positive Orientierung und vergiftet durch unsere Skepsis. Dies hat vor allem nach dem 19. Jahrhundert angefangen. Vor dieser Zeit sah man diese Kreaturen vor allem auf der berühmten Insel Nontrabada oder Encubierta, vor der Küste Spaniens. Es existieren unzählige Geschichten darüber. Nach dem 19. Jahrhundert verschwand diese Insel in der Ewigkeit und man hörte nichts mehr über sie. In der Zeit von König Arthur und der Ritter der Tafelrunde waren die Elementale überall. Es gibt viele Geschichten über Gnome, Tschins oder Feen, welche bis heute Erim in Irland bewohnen. Wegen unserer Besserwisserei und Skepsis unseres Intellekts und unserem riesengrossen Ego sehen wir heute nichts mehr. Man lacht darüber, weil man ja, was der Intellekt nicht fassen kann, auch nicht glaubt.

„Die Medizin hat keine Meister, die einzige Meisterin ist die Natur."

Alles, was wir als fest wahrnehmen, ist an sich nicht im Geringsten fest. Materie besteht aus Teilchenverbindungen und die Hohlräume zwischen den Teilchen haben ein grösseres Volumen als die Teilchen, welche fest sind.

Deshalb konzentriere Dich auf das, was nicht ist, und Dir wird eröffnet, was ist.

Das Nicht-Schauen ermöglicht das Sehen.
Das Nicht-Hinhören das Hören.
Das Nicht-Riechen die betörendsten und lieblichsten Düfte.
Das Nicht-Anfassen die schönsten und tiefsten Berührungen.

Aus der Entspannung und dem eigenen Fluss heraus fliessend und erschaffend entsteht reine, pure und unendlich schöne und heilige Kreation.
Aus der Entspannung und der Liebe zum Moment entsteht Erleuchtung.

Amen - Te Tra Gram Ma Ton - So sei es - Ho o pono o pono – A mi to foa - Aloha - Namaste

Kapitel 7 - Die Körperlichkeit (mechanisch)
Die Körperlichkeit - wie Innen so Aussen - wie Oben so Unten

Wir bestehen zu 70% aus Wasser, genau wie der Planet, wie Terra, auf der wir leben.
Wir haben die Fähigkeit, unseren Körper instand zu halten, auszubauen und im Falle von Verletzungen oder Einschränkungen zu reparieren.

Wir dürfen entscheiden, aus dem Raum-Zeit-Kontinuum auszusteigen und so alt zu werden wie wir wollen.

Wir müssen, um unseren Körper ideal zu unterhalten, auf seine Bedürfnisse eingehen.

- Regelmässiges Bewegen und Gebrauchen
- Zufuhr von vollwertiger Nahrung
- Der Umgebung angepasste Kleidung
- Keine unnötige oder mutwillige Zerstörung oder Beschädigung
- Versorgung mit Flüssigkeit
- Regelmässige Pflege

Dies sind die wichtigsten Punkte, die der Körper braucht, um zufrieden und glücklich für, mit und durch uns zu leben und zu erleben.

Diese Punkte sind individuell und bei jedem Wesen anders anzulegen und anzuwenden.
Jedes wunderbare Wesen darf sich hinsetzen, sich die Frage stellen: „Was brauchst Du, mein geliebtes, treues Gefährt?" Und die Antwort wird gegeben sein, ob in Form von Gedanken oder Gefühl, im Jetzt oder im Moment, wo die Thematik ansteht, sie wird gegeben sein.

Amen - Te Tra Gram Ma Ton - So sei es - Ho o pono o pono – A mi to foa - Aloha - Namaste

Kapitel 8 - Wer ist Gott?
Wer bin ich?

Eine unwahrscheinlich ketzerische Frage, aus der Sicht vieler streng an verschiedenen Religionen anhaftender Wesen.
Gott ist alles, was ist, er ist die Essenz, pure Liebe und Güte.
Endlose Demut und Schöpfer von allem, was da ist.

Gott ist Schöpfer. Was heisst denn das, was ist denn Schöpfung?
Ich möchte dies genauer unter die Lupe nehmen, da es für mich wichtige Themen beinhaltet.
Nehmen wir uns den Kreislauf des Jahres als Beispiel. Im Frühling beginnen alle Bestandteile der Natur sich neu zu entfalten. Farben und wohlriechende Gerüche

begleiten und dominieren ihn. Die Temperaturen werden (ich beschreibe die Breitengrade innerhalb welcher ich lebe) wärmer und es ist, als ob dieser Teil der Erde zu neuem Leben erwachen würde.

Im Herbst verblüht und verwelkt, vergeht und verschwindet diese Pracht genauso schnell wieder, wie sie sich uns präsentierte.

Dieser Jahres-Kreislauf kann gut über unseren Lebensabschnitt, den wir in der Ebene der Dichte verbringen, gespannt werden.

Nicht alle Blumen und Gräser, Bäume und Pflanzen blühen gleich lang.
Sie sind genauso lange hier, wie sie es brauchen und bis sie ihre jeweilige Funktion erfüllt haben.

Genauso ist es bei uns.

Dies zu verstehen, ist weder anspruchsvoll noch schwierig. Was aber für viele in unseren Breitengraden schwierig und anspruchsvoll ist, ist zu akzeptieren, dass der Tod genauso fester Bestandteil und Wunder der Schöpfung ist.
Der Kreislauf ist Entstehen, Wirken, Lernen, Erschaffen, Begreifen und Vergehen.

Der Oroboros (oft verwendet in der Alchemie), die Schlange die ihren Schwanz verschlingt, ist ein für mich sehr gutes Abb- und Sinnbild für dieses Thema.

-Doch zurück zum Ursprung: wer ist Gott?-

DU

ES

SIE
IHR
WIR

ALLES

-In diesem Sinne beschliesse ich ehrfürchtig und voller Demut und Bewusstsein dieses Kapitel-

Amen - Te Tra Gram Ma Ton - So sei es - Ho o pono o pono – A mi to foa - Aloha - Namaste

Kapitel 9 - Die Bedürfnisse der physischen Körperlichkeit
Der Organismus – wie Innen so Aussen - wie Oben so Unten

*U*nser Organismus wird von der Wissenschaft bislang immer noch oftmals als mechanisch funktionierender und grobstofflich erfassbarer und zu definierender Körper und Organismus angesehen und dementsprechend gehandhabt.

Wir sind eine Verbindung aus 70-100 Billionen Zellen. Diese Anzahl entspricht mehr oder weniger den Sternen im uns erfassbaren und bekannten Universum.

Wir verfügen über neun Chakras, was der Anzahl Planeten entspricht, welche wir Mars, Pluto, Neptun, Venus, Erde, Sonne, Mond, Saturn und Uranus nennen.

Die neuronalen Verknüpfungen entsprechen in ihrer Vielzahl wiederholt den Sternen im Universum.
Die Zellen wiederum können weiter aufgeteilt werden in Atome - und diese wiederum in Elektronen und Ionen.

Das Zitat „Innen wie Aussen" bekommt hier eine wundervolle Bedeutung. Das Universum ist ein riesiger und unfassbarer Organismus. Ein grosser Spiegel unseres Selbst.

Die Quantenphysik beschreibt den Raum nicht anhand dessen, was ist, sondern vielmehr anhand dessen, was nicht ist.
Dies bezogen auf das, was wir als feste Form, als Materie wahrnehmen.
Denn es gibt viel mehr leeren Raum als feste Form.
Alles, was da ist in unserer wunderbaren Ebene, ist Schwingung, und Schwingung ist Frequenz.
Jeder Organismus, aus welchem Element auch immer erschaffen, aus welchem Universum auch immer stammend, hat seine Beschaffenheit, welche wiederum durch ihre entsprechenden Schwingungen, sprich Frequenzen, bedingt und gesteuert werden.

Unser Körper, unsere Hülle, unser Gefährt ist, was wir aus ihm machen und wie wir ihn gestalten.
Er manifestiert und wächst entsprechend unseren innersten Veranlagungen, Wünschen und Ansprüchen.
Dementsprechend stirbt und zerfällt er auch nach demselben Muster wieder.

Aufschlüsselung des Organismus
Seine Funktionen und Prozesse

$\mathcal{D}$er Körper ist als solches eine Energieverbindung. Diese Energieverbindung besteht aus Teilchen. Diese Teilchen kannst Du Dir als Zellen vorstellen, von ihnen hast Du 70 bis 100 Billionen. Du kannst sie auch noch kleiner zerlegen, in Atome, diese wiederum kannst Du zerlegen in Ionen und Elektronen. Es gibt Studien, welche belegen, dass diese Teilchen, wenn sie nicht beobachtet werden, die Eigenschaft haben können, sich abzuwenden.

Die Eigenschaft, sich abzuwenden, legen die Teilchen zutage, wenn sich niedere Schwingung im Organismus festsetzt (manifestiert).
Die schwerste Form der Festsetzung im Organismus ist Krebs, er ist als solches die Verweigerung der Zelle für den Organismus zu arbeiten. Die Verweigerung führt zu Mutation.
Der Zustand unseres Lebens und Erlebens entspricht in seinem vollen Volumen dem kollektiven Bewusstsein (Kapitel 11), sprich, dem was wir aussenden und in uns tragen.

Amen - Te Tra Gram Ma Ton - So sei es - Ho o pono o pono – A mi to foa - Aloha - Namaste

Kapitel 10 - Energie und Magnetismus
Alles zieht sich an und stösst sich ab

$\mathcal{E}$nergie ist spür- und erlebbar als Wärme, im Falle des Wesens Mensch als Körperwärme.
Magnetismus ist ebenfalls spür- und erlebbar. Ich erinnere mich noch sehr gut und lebhaft an die Experimente mit meinen hölzernen Zugwagen und Lokomotiven, auf einer Seite haben sie sich immer angezogen und liessen sich zum Zug zusammensetzen.
Auf der anderen allerdings haben sie sich, egal wie oft ich es versuchte, nicht zusammensetzen lassen.
Allerdings konnte ich so die vorangehenden Zugwagen anschieben ohne sie zu berühren, was ich wahnsinnig beeindruckend fand.
Sprich, plus und minus vereinen sich, plus und plus, oder eben minus und minus, stossen sich ab.

Das Abstossen steht für mich für dissonant und das Anziehen für harmonisch.

Ob in der Musik, der Malerei, im Tanz oder Theater, sie haben alle eine Gemeinsamkeit.
Disharmonien und Dissonanzen werden innerhalb dieser optischen oder akustischen Darstellungsformen schnell sicht- oder hörbar.

Bestimmt kennst Du Begegnungen mit Menschen, in denen Du plötzlich bemerkst: „Du hast sehr angenehm warme Hände." Oder einen Partner, den Du gern als „Ofen" oder „Heizung" bezeichnet hast.
Die Körperenergie ist das „Chi" und der Magnetismus ist die Schwingung, in der wir alle verkehren.
Er ist, was unsere Hirnregionen und den ganzen wunderbaren Rest des Wesens Mensch aktiviert und steuert.

Beides ist kontrollier- und steuerbar, denn wir sind die Schöpfer unseres Erlebens sowie Lebens. Wir sind die Erschaffer unserer Realitäten.
Ein Zitat, das ich hierfür sehr gerne verwende ist: „Du wurdest als Original geboren – so stirb nicht als Kopie."

Mit Kontrolle der Körperwärme sowie des eigenen Magnetfeldes kann man sich „unsichtbar" machen, Menschen heilen, gezielt Dinge anziehen und bestimmen, wohin einem das Erleben des Lebens führen darf und soll.

Mir ist völlig klar, dass diese Fähigkeiten ebenso benutzt werden können, um der wunderbaren Ebene der Dichte und allem was da ist, bewusst zu schaden, indem man kontroll- und selbstsüchtig, sprich ego-behaftet, handelt. Dies hat für mich jedoch keine Bedeutung, da es nicht zu meinem Erlebensspektrum, welches von mir beeinflusst und bestimmt wird, gehört.

-Ich wünsche Dir nur das Schönste und Beste innerhalb Deines Erlebens im Jetzt-

Amen - Te Tra Gram Ma Ton - So sei es – Ho o pono o pono – A mi to foa - Aloha - Namaste

Kapitel 11 - Morphische Felder
Kollektives Bewusstsein

*J*eder einzelne Gedanke, den wir an unsere Aussenwelt schicken, ist ein Bestandteil des kollektiven Bewusstseins, des morphischen Feldes, welches uns umgibt und die Welt lenkt.

Wenn Mönche Mantras singen, oder Kirchgänger gemeinsam beten oder singen, genauso wie wenn sich Menschenmassen zum Fussball- oder Eishockey-Match versammeln - in jeder solcher Situation wo sich Menschen einem gemeinsamen Anlass widmen und ihren Fokus zusammenlegen, entstehen morphische Felder, sprich, kollektives Bewusstsein wird gesammelt und erzeugt.

Dieses Feld kann in seiner Intensität so stark sein, dass alles, was in seine Nähe kommt, direkt umgewandelt wird.

Der Empfänger
Der Transistor und seine Eigenschaften

*B*estimmt kennst Du den Augenblick, bei dem Du intensiv an jemanden denkst und er Dir prompt anruft oder Du ihm begegnest. Oder den Moment, in dem Du Dich beobachtet fühlst und Du Dich umschaust, und die Augen findest, welche Dich fixieren. Und bestimmt hast Du schon Deine ganz persönlichen Erfahrungen mit solchen Situationen gemacht.
Ebenso hast Du Dich wahrscheinlich schon gefragt, weshalb sich das Positive, das langzeitig Nachhaltige, sowie das für das Kollektiv Heilsame nicht durchsetzen können und wollen.
Weshalb erneuerbare Energien und Ressourcen nur spärlich und zögerlich benutzt und eingesetzt werden.

Und kennst Du den Moment, in dem Du wie aus heiterem Himmel von schleppender Melancholie in heiteres Wohlbefinden oder Schaffen wechselst?
Oder eben das Gegenteil, von Freude und Enthusiasmus in Antriebslosigkeit oder Wut und Aggression...
Und ich beschreibe hier einen Wechsel, den Du Dir direkt nicht erklären kannst, der scheinbar über Dich hereinbricht und Dich mitreisst.

Diese drei Beispiele umreissen drei Begebenheiten der übersinnlichen Wahrnehmung:
- Telepathie / Gedankenübertragung
- Kollektives Bewusstsein / die Macht der Mehrheit
- Gefühlswahrnehmung / übersinnliches Fühlen

All diese Punkte sind Kernpunkt von mittlerweile wissenschaftlich erfassten und bearbeiteten Themenbereichen.
Wie ist es möglich, dass sich solche Begebenheiten ereignen und wie treten sie in Erscheinung? Oder aber: warum?

Alles, was wir denken, wirbelt in Form von Signal und Frequenz in und um uns herum.
So wie wir fokussieren und dem Gedanken tiefere Bedeutung zumessen, ihn in seiner Bedeutung verstärken und ihn dann auf eine andere Person absenden, steigt die Wahrscheinlichkeit enorm, dass er bei der bedachten Person ankommt.

Störfelder können diesen Prozess erheblich beeinflussen. Sie sind auch der Grund, warum ich von Wahrscheinlichkeit rede.
Satelliten, Handy-Antennen, Luftverschmutzung, Infrarot, GPS, Bluetooth, sowie diverseste andere Strahlungen und Felder, die dadurch erzeugt werden, ist, was uns umgibt und beeinflusst.

Die persönliche Aufgeschlossenheit dieser Thematik gegenüber oder eben die Verschlossenheit oder gar Ablehnung derselben, beeinflusst ebenfalls, wie wir empfangen und wahrnehmen.

Die aufgeführten Punkte zeigen Folgendes auf: Wir sind alle Frequenz und Schwingung.
Wir sind wie Transistoren, Radio-Empfänger, die Schwingung und Frequenz zuge-sendet bekommen und aussenden.

Wir können über bewusstes Denken sowie Programmierung unserer Muster, unsere Ratio, unsere uns zugängliche Plattform im Geist, welche uns 10% des Gesamtvolumens unseres Geistes / Hirns / Speichers zur Verfügung stellt, mass-geblich Einfluss nehmen auf alles, was da ist.
Wir können entscheiden, was wir aussenden und dies bedingt, was wir empfan-gen.
Es ist ebenfalls an uns zu entscheiden, was wir empfangen und zulassen und was wir abschirmen.
Wir können uns anhand verschiedener physischer sowie psychischer Übungen schützen.

Diese Einleitung, welche die Beschaffenheit des Transistors, des Radioempfän-gers beschreibt, ist wichtiger Bestandteil, um das Verstehen der Funktionalität und Auswirkung der morphischen Felder, des kollektiven Bewusstseins zu verste-hen.

Kollektives Bewusstsein, was ist das? Und was machen da noch diese morphischen Felder?

Die beiden Ausdrücke (Ursprung und Herkunft definieren) stehen im Kontext, in welchen ich sie hier setze, meiner Auffassung nach für ein und dasselbe.

Sie stehen für das, was global als Mainstream gilt, in Bezug auf das Denken.
In Bezug auf Werte, Normen, Glauben und Ethik.
Diese Mainstream-Gedanken sind, was uns beeinflusst und lenkt, beziehungsweise was das Weltgeschehen und die Entwicklung der Welt, der Erde, beeinflusst und vorantreibt.

Aus diesem Grund beten verschiedenste Gemeinschaften aus den unterschiedlichsten Glaubensrichtungen gemeinsam, wiederholt und regelmässig.
Sie senden bewusste Gedanken aus und erzeugen so ein grösseres oder kleineres morphisches Feld.
Mantras und Meditation, Gebete in der katholischen, orthodoxen, jüdischen oder muslimischen Kirche, Moschee, auf dem Feld oder zu Hause, alles dient demselben Zweck und entstand aus den aufgeführten Überlegungen, dem wiedergegebenen Wissen heraus.
Allerdings wurde und wird dieses Wissen oftmals missbraucht um Macht zu generieren, um Kontrolle zu erwirken.

Und das ist seltsam. Seltsam, da alles, was wir tun, alles, was wir nicht tun, alles, was wir leben und alles, was wir nicht leben, auf der Basis, dem Grundbewusstsein der Liebe zu allem, was ist, basieren müsste.
Zumindest, wenn wir daran glauben, dass wir aus Liebe entstanden sind und mit dem Verlassen unseres Gefährts, unserem Körper, wieder zu reiner Liebe werden.

Ich glaube dies, nicht mit meinem Ego, sondern mit meinem Herzen, meinem Fühlen und meinem Sein.
Und für mich ist es nicht Glauben, sondern Wissen.

Was für Auswirkungen hat das Mainstream-Feld, welches wir auf dem Planeten Erde / Terra erzeugen denn überhaupt, woran können wir seine Beschaffenheit und Intention ablesen?

Naturkatastrophen, Öl-Lecks mit verheerenden Auswirkungen, die Welt-Wirtschaft beginnt einzubrechen, die Eisberge am Nordpol schmelzen ab, Kriege, Terror, Hunger in den Drittweltländern und so weiter und so fort.

Die Oberfläche der Erde ist von 71% Wasser bedeckt, der Mensch besteht zu knapp 70% aus Wasser...
Wir kennen ungefähr so viele Sterne am Himmel wie wir synaptische Verknüpfungen im Gehirn haben...
Die Planeten, welche in der Erdachse stehen, sind an der Zahl neun, wir haben neun Haupt-Chakras...

Noch einmal. siehst Du die Parallelen?

Ich bin überzeugt, dass wir alles zu jedem Zeitpunkt beeinflussen und steuern können, da wir mit allem und jedem in Austausch und Kontakt stehen.
Weil wir göttlich sind und ein Teil des göttlichen Plans.
Doch um göttlich zu Sein und Göttliches bewirken zu können, muss ich mir ein göttliches Bewusstsein aneignen.
Respektive, das göttliche Bewusst-Sein wieder abrufen und zulassen.

Amen - Te Tra Gram Ma Ton - So sei es – Ho o pono o pono – A mi to foa - Aloha - Namaste

Kapitel 12 - Liebe und Gleichgültigkeit
Die Fülle der Leere

Sie sind unzertrennbar und scheinen doch so ungleich und disharmonisch – das gehört sich so für Bedingungen.

Gleichgültigkeit ist für mich als Wort unvollständig. Auch an dieser Stelle - wenn ich das Wort umbaue zu „Gleichmut", dann wird es für mich ersichtlicher, was es aussagen möchte und beinhaltet.

Liebe ist wunderschön, für mich ist sie violett, geht ins Türkis, ins Pink, schimmert leicht golden und riecht nach Lavendel, Rosen und Minze.

Liebe verlangt nicht,
Liebe wertet nicht,
Liebe verkennt nicht,
Liebe weint nicht,
Liebe richtet nicht,
Liebe lacht nicht,
...Liebe ist...

Gleichmut ist die Erkenntnis, die aus der Befindlichkeit Liebe entsteht.
Ich nehme an, dass Du dieses Gefühl gut nachvollziehen kannst, wenn Du Dich in den Zustand des Verliebten hinein fühlst.

Vielleicht bist Du das ja gerade, oder warst es kürzlich? Vielleicht gehst Du zurück dahin, wo Dir diese Begebenheit zuletzt begegnet ist.

Es ist auch nicht von Bedeutung, in wen oder was Du Dich verliebt hast und was daraus geworden ist.
Von Bedeutung ist das Abrufen des Moments, wo Du in den Zustand eingetreten bist.

Es ist der Zustand, der in zwischenmenschlichen Beziehungen gerne als „auf der Wolke sieben sitzen" oder „eine rosarote Brille tragen" bezeichnet wird.

Erleuchtung.

Amen - Te Tra Gram Ma Ton - So sei es - Ho o pono o pono – A mi to foa - Aloha - Namaste

Kapitel 13 - Die neun Chakras
Unsere Lebensbahn

$\mathcal{S}$ie sind verteilt von unter dem Fuss bis über dem Kopf. Es sind ihrer neun, genauso wie die neun Planeten Merkur, Mars, Venus, Erde, Neptun, Uranus, Saturn, Jupiter und Pluto.
Beim Merkur angefangen steht die Erde als viertes Chakra, welches sie repräsentiert.
Besonders faszinierend am Jahr 2012 ist für mich, dass die neun Planeten in eine Bahn fielen.
Denn wenn die Chakras alle geöffnet werden und in Austausch miteinander treten, dann erlebst Du, wunderbares Wesen, was man in der Fachsprache „Kundalini" nennt. Es ist ein Erleuchtungserlebnis.

Was passiert denn mit dem Universum, wenn sich seine Chakras in eine Bahn legen?
Natürlich dasselbe. Und was bringt das mit sich, fragst Du Dich jetzt vielleicht?

Sieh Dich um und höre hin, spüre, atme und erfahre. Denn der Prozess des Wandels hat schon lange begonnen. Die Welt erstrahlt in Farben und Formen, wie sie es noch nie getan hat. Das Einzige, was ich dazu sagen kann ist, es ist unvergleichlich und wunderschön.

Teil 4 – Abschliessende Ausführungen
Die Begebenheiten der Dualität / Die 13 Abschliessenden

Einleitende Gedanken & Gefühle in den vierten Teil – die Begebenheiten der Dualität 125

1. Wenn die Begebenheiten nicht beachtet werden 126
2. Neutralität & Wertfreiheit 128
3. Agieren 129
4. Das Fühlen & Die Herzkammer 130
5. Der klare Geist - Atman - Odem 130
6. Die Möglichkeiten innerhalb der Dimensionen 130
7. Die Mitte / Dein Haus / Dein Tempel / Ich bin 131
8. Wenn Du - Gott bist – erlebst & spürst 131
9. Die Bedürfnisse der physischen Körperlichkeit 131
10. Arbeiten mit Chi 134
11. Bewusster Umgang mit Gedanken 135
12. Wenn alles, was da ist – einfach ist 136
13. Die Planeten unseres Sonnensystems 136

Einleitende Gedanken & Gefühle in den vierten Teil – die Begebenheiten der Dualität
Die Abschliessenden

Dieses Kapitel ist für mich in der Formulierung ein sehr anspruchsvolles. Dies aus dem Grund, dass hier ein sehr wertendes Muster dominiert: „Wenn Du x, dann y."
Dies ist so formuliert, da uns unsere eingeschränkte Sprache zum einen & die einschränkende Sprache zum anderen mit ihrer Unvollständigkeit das Leben schwer macht.
Damit will ich Dir sagen, betrachte dieses Kapitel wertfrei & ohne Zuschreibung oder Interpretation, lasse es wirken & sich setzen.

Wie wir uns erfahren & wie wir unseren Moment gestalten, ist in jedem Falle voll & ganz uns selbst überlassen. Zudem ist es gerade, weil wir in die Ebene der Erfahrung inkarniert sind – so wichtig, dass wir eben gerade die Erfahrungen machen, welche uns in unserem Wachstum unterstützen.

Unser Planet und die Sphäre, die ihn umgibt, beherbergen Tausende unentdeckte Schätze & Geheimnisse, welche wahrscheinlich zum grössten Teil unsichtbar sind für das suchende Auge des wilden weissen Mannes.

Der Planet spiegelt unser kollektives Bewusstsein & so Befinden. Die Krankheiten & Leiden – die Verschmutzung & der Hunger – Krieg & Zerstörung sind die Blaupause unseres wilden – vom Ego getriebenen & besessenen Verstandes.

Um diese Muster – welche über Jahrmillionen entwickelt & vermittelt wurden – abzulegen – komme ich nicht umhin, in meinen Ausführungen immer mal wieder Klartext zu reden & sprachlich Position zu beziehen.

-Im Namen des Weltenfriedens & der Liebe zu allem, was da ist-

Kapitel 1 - Wenn die Begebenheiten nicht beachtet werden
Der Wirkungshorizont des Dharma & seine Gespielen – das Karma

Wenn die Gesetzmässigkeiten nicht beachtet werden, kommt das Schicksal, das Karma vermehrt & intensiv zum Zug. Unfälle, Krankheit, körperliche & geistige Verwirrungen & Leiden können sich durch festgesetzte Energieblockaden manifestieren (festsetzen) & materialisieren (Form annehmen).
Das Leben ist anstrengend & alles irgendwie schwierig, Türen sind verschlossen & Wege sind schwer oder gar nicht ersichtlich & unwegsam & schwer zu bewältigen.

Ich komme an diesem Punkt zurück auf die beschriebenen Energieblockaden. Energie kann nicht fliessen, wenn sie blockiert ist, dies als erweiterte Erklärung.

Die Blockaden können sowohl durch äussere Einwirkung (Gewalt / Unfälle / Selbstverletzung) oder innere Einwirkung wie emotionaler Schmerz (Angst / Zweifel / Hysterie / Sicherheitsbedürfnisse) entstehen.

Energieblockaden setzen sich, verteilt über die sechs Schichten unseres Körpers fest.

Die sechs Schichten / Schritte im Körper sind:

1. Knochenmark
2. Knochen
3. Sehnen
4. Blutgefässe
5. Fleisch
6. Haut

Je tiefer die Blockade (Schmerz) sitzt, umso schwerer ist es, die Blockade aufzulösen.

Da diese körperlichen Zusammenhänge sehr einfach zu ergreifen & verstehen sind, hoffe und wünsche ich mir für Dich, Du unvergleichliches und ach so wunderbares Wesen, gute Gesundheit & somit volles und göttliches körperliches Leben & Erleben.

Für den Geist gilt genau dasselbe. Die sechs Schichten / Schritte im Geist sind:

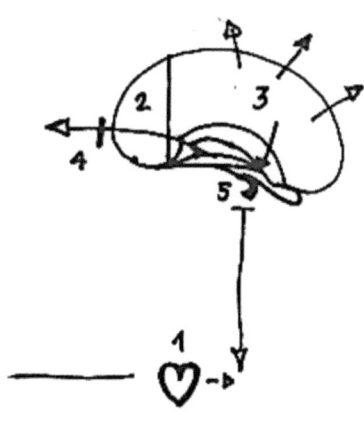

1. Fühlen (Bewusstes Wahrnehmen oder Abschirmen über das Gefühls-Chakra / Gefühl transformieren & wahrnehmen über die Herzkammer)
2. Denken (Denken als Transformator nutzen und nicht vom Denken beeinflusst / gelenkt werden / Denken gezielt & auf Abruf einsetzen)
3. Bewusstsein (ich bin, also bin ich)
4. drittes Auge (Verbindung zur Zirbeldrüse)
5. Aktivität der Zirbeldrüse (Verbindung mit den 9 Chakras und dem dritten Auge)
6. Grundskript in der Zirbeldrüse (wird durch die jetzige Grundprogrammierung Deines Wesens manifestiert)

Diese geistigen Prozesse sind ebenso einfach zu verstehen & zu ergreifen, & ich hoffe & wünsche mir für Dich, Du unvergleichliches & ach, so wunderbares Wesen, gute Gesundheit & somit volles & göttliches geistiges Leben wie Erleben.

Wenn Du Dich den beschriebenen Begebenheiten anvertraust & sie wertfrei & ohne Zuschreibung in Dein Erleben und Deine Realität einschleust & sie sich verinnerlicht haben, dann bist Du auf dem Weg des Hohepriesters, des Rabbis, des Jesus, des Buddha, des Dalai Lama, des Thoth, des Mohammed & des Alchemisten.

Mit Begreifen und Umsetzen, dem Leben und Vorleben dieses Wissens befreist Du Dich von Karma & Schicksal, Du wirst Schöpfer & Erschaffer, Du bist Gott.

Du bist bereit, die Welt zu verändern, denn Du hast Dich gemeistert, Du hast sämtliches Verlangen besiegt & bist in einen erleuchteten Zustand eingetreten, willkommen mein Engel.

Kapitel 2 - Neutralität & Wertfreiheit
Alles, was ist - ist Eins & alles - was ist - ist Mehreres

*U*m die Mannigfaltigkeit der Klänge, Töne & Geräusche, die Dich umgeben zu ergreifen, fokussiere Dich auf die Stille in den Zwischenräumen.

Um zu sehen, bewege deine Augen nicht, fokussiere den weitest entfernten Punkt in der Mitte deines Sehfeldes, öffne Dein Sichtfeld und sehe alles als Ganzes.

Diese kleinen Anekdoten & Gleichnisse sind für mich eine sehr schöne Einleitung in dieses wunderschöne Kapitel.
Unsere westliche Realität präsentierte sich mir stets sehr wertend & beschreibend. Haben & Sein sind in allen Sprachen die ersten Wörter, welche ich unterrichtet bekam.

Ich habe...

Ein Auto
Ein Haus
Einen Pool
Einen wunderbaren Ehepartner

Eine gesunde und liebevolle Familie
Den besten Job von allen
Viel mehr Geld als Du

Wie mir diese Begebenheiten (Sein und Haben) aufgefallen sind, begriff ich, wie manipulativ Sprache eingesetzt werden kann.

Und da wir diese Grundprogramme im Kindesalter geschenkt bekommen, kann es eine Aufgabe, die viel Hingabe & Selbstdisziplin verlangt sein, sie zu erkennen & umzuschreiben.

„Herr Zweifel kam rasend & schnaubend daher gestürmt & schlug die Liebe blindlings & in Rage tot."
Ein Umstand, der mir immer wieder begegnet. Meine Aufgabe ist es nun, mich zurückzuziehen & Begegnungen einfach passieren zu lassen, absolut erwartungs- & wertfrei, dann kann sich dieses aktuelle Muster auflösen & ich mich weiterbewegen.

Wir sind - das Sein und das Haben haben nichts gemeinsam. Materieller Besitz ist nicht verwerflich, allerdings verpflichtend & schwer handzuhaben. Jedenfalls ohne sich darin zu verlieren – wobei diese Gefahr beim nicht Haben genauso gross ist.

Wenn die Gesetzmässigkeiten beachtet werden, dann ist alles, was da an Materie ist & war, sowie alles, was da noch kommen mag, ein wunderbarer Spielplatz auf & in dem wir unser Potenzial entfalten, verwirklichen & teilen können & dürfen.

Kapitel 3 - Agieren
Statt reagieren - ausweichen & annehmen

Wenn Dir, Du wunderbares Wesen, etwas entgegenkommt, dann fang es auf, lass die Energie passieren und transformiere sie.
Gib elegant und aus dem Handgelenk wieder zurück. Du wirst im Gesicht, an der Energie deines Gegenübers erkennen, ob Du agiert oder reagiert hast.

Über agieren machst Du aus Wut Freude, aus Hass Liebe, aus Zorn Gutmut und aus Unverständnis Verständnis.
Agieren ist Magie, Zauberei und Alchemie, agieren ist ein Wunder an sich und

wunderschön zu erleben.

Werde zur Aktion um die erwünschte Re-Aktion zu erschaffen.

Kapitel 4 - Das Fühlen & Die Herzkammer
Fühlen statt Denken / Wissen statt Glauben

Denken erschafft IMMER Dualität, Fühlen erschafft genau und bedingungslos entsprechend der Absicht, in Form von Bild, Ton und Emotion.

Fühlen ist der Schlüssel zum Paradies, Denken die Gesetzmässigkeit der Ebene der Dichte (im momentanen Zustand).

Denken führt uns zur Schwelle des Intellekts. Fühlen (Wissen) löst uns von den Ketten der Einschränkung und lässt uns bedingungslos erschaffen (frei von Dualität).

Kapitel 5 - Der klare Geist - Atman - Odem
Die Kunst des Bogenschiessens

Der klare Geist ist das Resultat von (Schweizer-Sinnbild) Präzisionsarbeit.

Der klare Geist ermöglicht das Erzeugen und Aussenden von gezielten und reinen Gedanken.

Diese wiederum ermöglichen und erschaffen genau und entsprechend der Absicht.

Sprich, der klare Geist ist Schaffen und Erschaffen, Kreieren und Gestalten, unserer Bestimmung entsprechend.

Ein meditatives SEIN ist das Resultat des klaren Geistes.

Du unvergleichliches und einzigartiges Wesen, geniesse es.

Kapitel 6 - Die Möglichkeiten innerhalb der Dimensionen
Innerhalb der Ebene der Dichte = Materie

Wenn Du, Du wunderbares Wesen, jetzt den Eindruck bekommen hast, dass es unmöglich ist unsere Dimension, unser Sein in der Ebene der Dichte zu beeinflus-

sen ohne der Erleuchtung nahe zu sein, liegst Du nicht ganz richtig.
Mantra, Meditation, Visualisieren, Beten und die hohe Kunst der Alchemie sind
Möglichkeiten um Schöpfer zu werden.
Deine Realität ist die Matrix... Du bist der Architekt.

-kreiere, implodiere, sprühe Farbe, Form und Liebe, lebe und sei-

Kapitel 7 - Die Mitte / Dein Haus / Dein Tempel / Ich bin
Setze Dich nieder und erstrahle

Du bist unendliches Potenzial, Du bist der Herr Deiner Selbst und Deiner Seele,
Du bist heilig und ein in sich geschlossenes System, eine unbegrenzte Möglich-
keit gleichzeitig mit Allem verbunden.
Pflege Dich, nimm Dich an, vervollständige Dich und finde zurück zu Dir, das Uni-
versum wartet geduldig und für alle Ewigkeit auf Dich, Du bist unsterblich.
Ich bin, frei von Kontext, Rolle, Zuschreibung und Erfahrung, Ich bin.
Gehe in den Austausch und finde Dich da, wo Du bist, ruhend in Dir selbst.

Kapitel 8 - Wenn Du - Gott bist - erlebst & spürst
Du bist Schöpfungskraft & unendliches Potenzial

Du bist im Fluss. Alles geschieht so, wie Du willst. Obwohl es stets so ist, wirst
Du aufmerksam und nimmst Deine Schöpfung bewusst wahr. Keine Änderung ist
nötig. Alles ist genau richtig so, wie es ist. Du wirst die Euphorie und die bedingungslose Freude im Moment erkennen. Erschaffen wird Teil des JETZT und
Zukunft, Vergangenheit und Gegenwart verschmelzen im Moment des Wahrneh-
mens und Erschaffens.
Dir fehlt es an nichts, denn Du bist Alles und Alles widerspiegelt deine Göttlichkeit.

Kapitel 9 - Die Bedürfnisse der physischen Körperlichkeit
Der Organismus (feinstofflich)

Unser Organismus ist ein Wunderwerk, welches für, mit und durch uns funktioniert, wirkt und sich verwirklicht.

Er kann meiner Meinung nach noch viel mehr als zu was wir ihn bis anhin gebraucht haben, zumindest den Teil der offiziell gängig ist.
Laufen, Gehen, Sport, Entspannung, Transport, Fortbewegung, Sexualität.

Dies sind die mir gängigen Tätigkeiten und Gewohnheiten, die ein Körper hat und lebt.

Doch habe ich erleben und herausfinden dürfen, dass wir im ewigen Austausch mit dem Universum stehen und Zugriff zu allem Wissen und Können haben, das je war, ist und je sein wird.

Motiviert durch diese Entdeckungen habe ich den Körper in verschiedene Modelle zerlegt. Modelle, wie ich sie erfahre und erlebe, Modelle wie die Praxis sie mir spiegelt.
Ich bin mir sicher, dass es verschiedenste Möglichkeiten gibt. Hier ein paar, wie ich sie für mich und somit erst recht für Dich definiere.

Gefühlsströme:

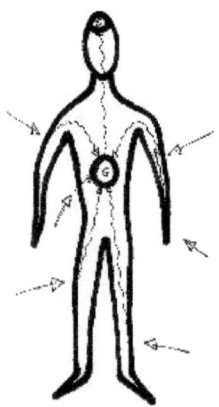

Gefühle werden über das Gefühls-Chakra aufgenommen, dieses sitzt über dem Bauch und hat den Buchstaben G. Daher auch Verbindungen wie „Es liegt mir schwer auf dem Magen" oder „Ich habe Flugzeuge im Bauch" und „Mir wird übel von dieser Neuigkeit" und so weiter und so fort.

Vom Bauch werden sie an das Bewusstsein und von da an den Transformator im vorderen Stirnlappen weitergesendet (genaue Erklärung voriges Kapitel).

Die Gefühlswahrnehmung funktioniert sehr simpel. Ich mache hierfür ein Beispiel, da mir diese am verständlichsten sind.

Stell Dir vor, Du hast wunderbare Laune, fühlst Dich leicht und schön, fröhlich und rein, ganz und voller Liebe. Du geniesst einen Moment zu Hause auf Deiner Bank im Garten deines Hauses und bist einfach Ruhe, Entspannung und Liebe. Dann klingelt das Telefon. Du kannst nichts verstehen und hörst nur Gesprächsfetzen. Und wie Du hinhörst und zu verstehen versuchst, klingelt es an der Tür. Die Tür ist auf der anderen Seite des Hauses. Es poltert schon. Das ist sicher eine Paket-Sendung und der Postbote ist sehr ungehalten. Wie Du Dich durch das Wohnzimmer bewegst, springt Dich Dein Hund an, wedelt mit dem Schwanz und winselt.

Du hängst das Telefon auf, öffnest die Tür und siehe da - der Postbote! Du nimmst das Paket mit einem ehrlichen aber leicht irritierten Lächeln entgegen. Du verabschiedest Dich, knuddelst und wuschelst Deinen Hund und begibst Dich zurück in den Garten. Du schreibst dem Anrufer kurz eine Nachricht, dass der Empfang ein Telefonat unmöglich macht und bedankst Dich für sein Verständnis und setzt Dich wieder auf die Bank.

Wie Du Dich jetzt zurücklehnst, durchatmest und in die Entspannung zurückfindest, huscht Dir ein Lächeln über Dein wunderschönes Gesicht.

Das Lächeln wurde ausgelöst vom Bewusst- und Gewahr-Sein der Hektik und Nervosität, welche Du, ausgelöst durch die sich kurzzeitig überschlagende Situation, in Dich aufgenommen hast und welche Dich doch von null auf hundert katapultiert haben.

Oder wenn Du Dich durch eine Menschenmenge bewegst, und wie Du in den Massen stehst und weilst, fängt es an in Dir zu rumoren und zischen, kochen und wüten... obwohl Du erst gerade zufrieden und liebevoll durch den Moment gegangen bist.

Wie ist das möglich?

Ganz einfach, Du nimmst die Schwingungen, die Dich umgeben und die Dir entgegengetragen werden, auf und - falls es ein stärkeres Signal ist, als Du es ausstrahlst oder Du zu stark abgelenkt wirst - übernimmst Du dieses Gefühl (Verfassung / Gedanken / Körpergefühl / Geruch / Geschmack).

Unglaublich?

Aber logisch und klar, denn dies ist das Gesetz von Schwingung, ganz einfach ausgedrückt und dargestellt.

Was wir alle machen können, ist achtsam mit unserem Erleben und Leben umgehen. Wir dürfen uns lieben, uns für unsere unvergleichliche und individuelle Kraft des Erschaffens entscheiden, uns zuhören und unser unendliches Potenzial erkennen und umsetzen.

Wir dürfen uns erinnern, dass wir pure Liebe sind, verbunden und vernetzt mit dem Quell der unendlichen Liebe, der reinen Essenz.

Dass wir uns zu jeder Zeit in unsere Herzkammer begeben können um uns mit dem Vater und der Mutter sowie mit uns selbst zu verbinden, Eins zu werden und eine Pause einzulegen, frei von Materie, von Zeit und Raum sowie Gedanken.

Wir haben jederzeit die Möglichkeit, uns unserer Gefühle gewahr zu sein und sofort zu merken, wenn sich etwas Fremdes, ein Alien-Gefühl, in uns einnistet und unser Befinden beeinflussen, sprich, verändern möchte.

Was kann ich tun in dieser Situation?

Entspannen, lächeln, die Verbindung zum Vater und oder der Mutter / zum Universum herstellen und alles, was da ist, in Liebe, Licht, reine Essenz, Lachen und Freude transformieren.

So kannst Du ohne Zweifel und Vorbehalt (zwei Gross-Kinder der Angst) überall und immer mit und bei Dir sein.

Kapitel 10 - Arbeiten mit Chi
Heilen & zerstören - den Fluss zentrieren

Energie ist, was uns bewegt, was uns belebt und was uns lenkt. Energie ist Form, Schwingung, und so stehen wir zu jeder Zeit im Austausch mit allem, was ist, denn alles ist Schwingung.

Die Schwingungen an sich haben verschiedene Frequenzen. Sprich, ein Mensch, ein Tier, ein Baum, Luft, Pflanzen, ein Tisch oder Wasser, Erde, Metall und Feuer.

Doch zurück zu uns Menschenwesen. Wie ist der Energiefluss spür- und erfahrbar?

Die Energie ist mess- und fühlbar als Körperwärme, welche sich super anhand eines Wärmebildes aufzeigen lässt.

Bestimmt kennst Du Personen, welche für Dich wie ein Ofen sind oder andere, die Dich als Ofen bezeichnen.
„Wow, sind Deine Hände aber warm!" oder „Wie kannst Du bei diesen Temperaturen ohne Pullover herumlaufen?"

Ganz einfach, weil die Körpertemperatur, reguliert durch die Energiereserven, welche man in Asien als Chi bezeichnet, den Körper einhüllt und schützt.

Der Energiefluss im Körper wird schnell unterbrochen und wir lernen nur selten, ihn zu spüren und zu handhaben.
Sowie allerdings solche Prozesse eingeleitet werden, verändert sich die Welt. Energie wird spür- und erfahrbar. Sie wird abruf- und kontrollierbar, ein Wunder, genauso wie die Aktivierung der übersinnlichen Wahrnehmungen und Fähigkeiten.
Es sind Wunder, die wir als Potenzial seit Jahrtausenden mit und in uns tragen. Wunder, welche, sobald wir unser Potenzial frei von Denken entfalten, Namen wie Jesus, Allah, Buddha und Gott hervorbringen.

-Es ist das Potenzial der reinen Liebe-

Kapitel 11 - Bewusster Umgang mit Gedanken
Den Transformator gezielt & wertfrei einsetzen - entsprechen

*A*lles ist Energie. Energie fliesst dorthin, wo die Aufmerksamkeit fokussiert wird. Pflege stets Gedankenhygiene und werde Dir bewusst, was Du denkst.
Positive Gedanken manifestieren Positives und umgekehrt. Dank unserer Gesellschaft haben wir uns an das Negative gewöhnt und wundern uns, wieso es mit dem Positivdenken nicht auf Anhieb klappt. Wir sind Gewohnheitstiere und haben uns daran gewöhnt, Negatives zu erwarten. Erwartungen / Sorgen werden dort kreiert, wo die Fantasie ihren Ursprung hat. Es ist wie ein Muskel, der jahrelang auf einen 100m-Sprint konditioniert worden ist und plötzlich einen Marathon laufen will. Eine Umgewöhnung, ein Umtrainieren ist nötig, um den Verstand / Gedanken umzuschulen. Deine Absicht ist ausschlaggebend. Kontrolliere deine Absichten. Halte inne... Liebe den Moment.
Sei geduldig und achtsam. Liebe deine Gedanken... die bewussten und unbewussten, sie werden Dir ein Wegweiser sein.
Alles ist Energie.

-Und DENK daran, der Weg ist schlussendlich das Fühlen-

Kapitel 12 - Wenn alles, was da ist - einfach ist
Materie ist vergänglich & Raum ist ewig

Wenn alles, was da ist, einfach ist... Dann wirst Du SEIN.
Du erlebst Dein persönliches Paradies im Jetzt, Du bist verbunden mit der Mutter und dem Vater, allen Dimensionen und allem, was ist.
Du begreifst alles als Liebe, aus der Wahrnehmung des Gleich-Mutes (steht für Gleichgültigkeit = es gilt gleiches).
Du bist Licht,
Du scheinst,
Du bist heil,
Du heilst...

Jesus ist ein gutes und in den westlichen Gesellschaften sehr bekanntes Sinnbild für diesen Zustand.

Kapitel 13 - Die Planeten unseres Sonnensystems
Die neun Planeten - unsere Lebensbahn

Sie stehen im Sonnensystem, wie sie in unserem Körper als Chakras stehen.
Genau so haben sie auch die entsprechenden Funktionen.
Unser Sonnensystem repräsentiert als solches unseren Organismus oder auch umgekehrt.
Alles was in unserem System als Negativität passiert, ist der Spiegel und das Abbild des Gesamtbefinden aller auf der Erde lebenden Wesen.
Sprich, das Abbild des kollektiven Bewusstseins, let`s work it out.

...Auch hier...

...wir sind die Herren und Meister unseres Selbst und als solches ein Bruchteil des Ganzen...

Geh in Verantwortung, in Auseinandersetzung und lebe Liebe wie sie Dir entspricht, im Bewusstsein, dass Du entscheidend am Gesamthaften mitarbeitest,
so oder so, passiv ebenso, wenn nicht noch viel mehr, denn aktiv.
Das Universum, die Galaxien, die Sonnensysteme, die Planeten, die Erde, die Natur, der Mensch, die Synapsen, der Organismus...

.

.:.WIE OBEN SO UNTEN, WIE INNEN SO AUSSEN

Amen - Te Tra Gram Ma Ton - So sei es - Ho o pono o pono – A mi to foa - Aloha - Namaste

Teil 5 – Begleiter auf dem Weg zur Liebe
Erweiterte und ausgeführte Lehrsätze / inspiriert durch Deepak Chopra
Begleiter auf dem Weg zur Liebe / tägliche Gedanken & tägliches Tun

Einleitende Gedanken & Gefühle in den fünften Teil – Begleiter auf dem
Weg zur Liebe   138
1. Die Weisheit, mit der wir bereits leben   139
2. Mich selbst annehmen & erkennen   143
3. Begleiter in das Bewusstsein der Liebe   144
4. Bewusstseinserweiterung   144
5. Das Überwinden der Dualität   145
6. Hingabe ist - transzendentes Verhalten - prosoziales Verhalten – Altruismus 146
7. Fühl Dich in Deiner Mitte - Deinem Zentrum - Deinem Haus zu Hause 146
8. Schritte, die zu Leid führen   147
9. Sein & Verhalten, welches Leid auflöst   147
10. Entladen von gestauter oder blockierter Energie   148
11. Prinzipien, welche Deinen inneren Mechanismen folgen & entsprechen 148
12. Gut & Böse   149
13. Wenn die Türen offen sind   150
14. Womit halte ich mich davon ab, in Bewusstseinsbereiche einzutauchen? 151
15. Eine kleine Wegleitung zum Tod und dem ewigen Kreislauf   152
16. Ausführungen & Auslegungen   153
17. Glück   155
18. Menschliches Verhalten   156
19. Das menschliche Ego   158
20. Das Erwachen   160

Einleitende Gedanken & Gefühle in den fünften Teil
Begleiter auf dem Weg zur Liebe

Herzlich willkommen im einleitenden Absatz des fünften Teils – Dich hier wiederholt begrüssen zu dürfen ist mir eine grosse Ehre – ich danke Dir für Deine Ausdauer – Dein Interesse – Deine Weisheit & Deine Neugier.

Das Tun ist der wichtigste Bestandteil unseres Erdenlebens – denn nichts verwirrt den Geist & die Seele mehr – als das Nichts-Tun. Deshalb war der erste Einfall zur Benennung dieser zweiten Auflage auch – Tu es – welchen ich aber nach längerem Hin und Her verworfen habe – zugunsten des jetzigen Titels.

Im Tun finden wir den Sinn des Lebens – denn durch Tun erschaffen wir – und was wir erschaffen, kommt unserer Umwelt zugute. Das Erschaffene ist der Abdruck unserer Seele & die Möglichkeit eines jeden von uns, die Welt zu bereichern.

In diesem Teil wirst Du – Du wunderbares Wesen – hinein ins alltägliche Tun geführt. Die Auflistungen & Modelle stammen grösstenteils von Deepak Chopra. Sie sind teilweise angepasst oder komplett neu formuliert – angepasst oder um meine Einsichten & Wahrnehmungen erweitert.

Im Tun finden wir Sinn & Möglichkeit – Talent & Erfüllung genauso wie Beschäftigung & Auseinandersetzung (körperlich wie geistig).

Nicht, dass ich denke, annähernd das Wissen oder die Einsicht von Deepak Chopra zu haben – jedoch bin ich ein Kind einer der erfolgreichsten Wirtschaftsnationen der Welt & spreche so aus einem ganz anderen Erlebnis-Spektrum heraus als er es tut.

Er war, zusammen mit anderen bekannten Autoren & spirituellen Personen, einer derer – die grossen Einfluss auf dieses Buch – mein Leben & Erleben sowie mein Tun haben & hatten – Danke.

Kapitel 1 - Die Weisheit, mit der wir bereits leben
Identifikation mit der Intelligenz des Körpers – Die Intelligenz der Zelle

1. Wir dienen einem höheren Zweck.
2. Wir stehen andauernd mit allem Leben in Kontakt.
3. Unser Bewusstsein ist offen für Veränderungen.
4. Wir sind uns jeden Augenblick aller Dinge in unserer Umgebung bewusst.
5. Wir wissen, dass uns alle anderen gleichgestellt sind, und nehmen sie ohne Urteil oder Vorurteil an.
6. Wir nutzen jeden Augenblick mit Kreativität und Schöpfungskraft, statt uns an Altes und Überholtes zu klammern.
7. Unser Sein wird sanft von den Rhythmen des Universums getragen, wir fühlen uns sicher und geborgen.
8. Unter Effizienz verstehen wir, dass der Fluss des Lebens uns bringt, was wir brauchen.
9. Mit Gewalt, Kontrolle und Kampf können wir nichts verbinden.

10. Wir fühlen uns mit der Quelle verbunden.
11. Wir sind dem Geben verpflichtet, denn das Geben ist die Quelle allen Überflusses.
12. Wir sehen alle Veränderungen, auch Geburt und Tod, vor dem Hintergrund der Unsterblichkeit. Das was sich verändert, erscheint uns am unwirklichsten.

1. Wir dienen einem höheren Zweck
Entsprechen & Gewahr – Sein

*I*ch bin hier, um zu dienen. Ich bin hier, um zu inspirieren. Ich bin hier, um zu lieben. Ich bin hier, um meine Wahrheit zu erleben.

2. Wir stehen andauernd mit allem Leben in Kontakt
Im Kontakt stehen – in die Begegnung gehen – Energie ist immer frei

*I*ch werde jemandem meine Wertschätzung zeigen, der nichts von meinen Gefühlen ahnt. Ich werde über Spannungen hinwegsehen und einem Menschen, der mich ignoriert, mit Freundlichkeit begegnen. Ich werde mindestens ein Gefühl benennen, das für mich nicht spirituell ist und welches sich unangenehm anfühlt.

3. Unser Bewusstsein ist offen für Veränderung
Horizonterweiterung und Erschaffen von neuen Welten

*I*ch werde zehn Minuten lang beobachten ohne zu sprechen. Ich werde mich still hinsetzen um meinen Körper zu spüren. Wenn ich mich über jemanden ärgere, werde ich mich fragen, welche Gefühle unter dem Deckmantel der Wut verborgen sind – und die Wut erst abwenden, wenn ich sie erkannt und aufgelöst habe.

4. Wir sind uns jeden Augenblick aller Dinge in unserer Umgebung bewusst
Akzeptanz – Alles ist Eins – Das Aussen ist der Spiegel des Innen

*I*ch werde fünf Minuten lang über die guten Eigenschaften eines Menschen nachdenken, der mir unsympathisch ist. Ich werde mich über eine Gruppe informieren, die meiner Meinung nach extrem intolerant ist und versuchen, die Welt aus ihrer Perspektive zu sehen.
Ich werde in den Spiegel sehen und mich beschreiben, als wäre ich das perfekte Elternteil, welches ich mir immer gewünscht habe (und ich werde mit dem Satz beginnen: „Wie wunderschön du in meinen Augen bist...")

5. Wir wissen, dass uns alle anderen gleichgestellt sind & nehmen sie ohne Urteil oder Vorurteil an
Alles ist Eins – Die Kette ist so stark wie ihr schwächstes Glied

*J*edes Lebewesen gibt auf seine ihm eigene Art sein Bestes um sein Leben zu gestalten. Wir sind alle hierhergekommen um Erfahrung zu sammeln & weiterzugeben.
Es ist weder verwunderlich noch seltsam, dass die meisten von uns einen anderen Weg einschlagen um sich zu entwickeln & zu verwirklichen.
Gerade weil wir ja so viele sind und wir so eng beieinander leben.

Ich umarme meine Kinder, küsse meine geliebte Frau & umarme sie bevor ich das Haus verlasse, ich schenke meinem Nachbarn ein Lächeln, wenn ich das Haus verlasse & grüsse die Leute, welchen ich begegne auf meinem Weg zur Arbeit.

Ich reiche die Hand wo ich kann & besonders wenn ich darum gebeten werde. Ich mache ehrliche & liebevolle Komplimente an meine Mitmenschen. Ich umarme Bäume & spreche mit Tieren welche ich treffe. Ich danke meinem Körper, der Sonne, den Elementen & Planeten für das Wunder der Liebe, im Namen von allem, was da ist.

Wir alle geben Moment für Moment unser Bestes, was noch lange nicht heisst, dass mein Bestes Dir zusagt oder entspricht. Doch vielleicht kann ich Dich ja inspirieren Dein Bestes zu geben – Jetzt.

Alles ist Eins. Sprich, Du bist wie alles andere, das ewige Zentrum der Welt & so die wichtigste Komponente des Ganzen, ohne welche gar nichts funktioniert.

Jeder Farbtupfer auf einem Bild, jeder Grashalm auf der Weide, jedes Haar auf meinem Kopf, jede Blüte an der Blume, jeder Tropfen im Meer & jedes Sandkorn in der Wüste ist wesentlicher Bestandteil eines Ganzen & so Wunder des Seins. Sei Dir dies immer gewiss und ruf es Dir in Dein Bewusstsein.

6. Wir nutzen jeden Augenblick mit Kreativität und Schöpfungskraft, statt uns an Altes und Überholtes zu klammern
Kreativität – Der Ausdruck der Schöpferkraft

*J*ch werde mir fünf Dinge ausdenken, die ich tun könnte, mit welchen meine Familie niemals rechnen würde - und dann sicher eines davon umsetzen. Ich werde einen Entwurf eines Romans schreiben, der auf meinem Leben beruht (alles ist wahr, doch niemand käme auf die Idee, dass ich der Held bin). Ich werde über eine Erfindung nachdenken, die die Welt dringend braucht.

7. Unser Sein wird sanft von den Rhythmen des Universums getragen, wir fühlen uns sicher und geborgen
Sein – Wir sind ein Herz – eine Liebe – ein Kosmos

Ich werde eine halbe Stunde lang an einem ruhigen Ort verbringen und nichts tun - ausser spüren, wie es ist zu leben. Ich werde im Gras liegen und fühlen, wie sich die Erde unter mir langsam dreht. Ich werde drei tiefe Atemzüge machen und so sanft als möglich ausatmen.

8. Unter Effizienz verstehen wir, dass der Fluss des Lebens uns bringt, was wir brauchen
Effizienz – Ich weiss, dass ich nichts weiss – Alles ist freie Energie

Ich werde die Kontrolle über mindestens zwei Dinge aufgeben und abwarten, was passiert. Ich werde eine Rose betrachten und mir überlegen, ob ich sie dazu bringen könnte, sich schneller oder schöner zu öffnen, als sie es bereits tut - und dann werde ich mich fragen, ob sich mein Leben ebenso wunderbar entfaltet wie das der Rose. Ich werde mir einen ruhigen Platz am Meer suchen (oder einer Aufnahme von Meeresrauschen lauschen), mich hinlegen und in seinem Rhythmus atmen.

9. Mit Gewalt, Kontrolle und Kampf können wir nichts verbinden
Verbundenheit – jeder Kampf, den ich kämpfe – habe ich verloren, wie ich ihn antrete

Wenn ich mich dabei ertappe, dass ich wegsehe, wenn mich jemand ansieht, werde ich daran erinnern, dem anderen in die Augen zu sehen. Ich werde einen Menschen, dessen Gegenwart ich als selbstverständlich hinnehme, mit einem liebevollen Blick bedenken. Ich werde Mitgefühl für einen Menschen zeigen, der es braucht - am besten für einen Fremden.

10. Wir fühlen uns mit der Quelle verbunden
Wir sind das Zentrum des Universums – Ausführende & Schöpfer – gekommen um zu entsprechen

Wie ich in eine Situation komme, in der ich mich blossgestellt – unverstanden oder angegriffen fühle – trete ich aus mir heraus und reagiere nicht, sondern verhalte mich proaktiv. Das heisst, statt dass ich auf diese Energie eingehe, kreiere ich ihre Entsprechung in der ober gegebenen Reihenfolge. Blossstellung wird abgefangen mit liebevollem Humor – Angriff mit liebevollem Frieden – Unverständnis mit liebevoller Unterstützung.

Ich nehme mich dieser Modelle an und setze mindestens eines davon – über drei Wochen – täglich um.

11. Wir sind dem Geben verpflichtet, denn das Geben ist die Quelle allen Überflusses
Geben – Das Universum ehren & nähren – heilen & umarmen

*I*ch werde einem Obdachlosen, der auf der Strasse lebt, ein Mittagessen schenken (oder ihn zum Mittagessen einladen). Ich werde jemandem ein Kompliment machen, von dem ich weiss, dass er oder sie es schätzt. Ich werde meinen Kindern so viel ungeteilte Aufmerksamkeit und Zeit schenken, wie sie haben möchten.

12. Wir sehen alle Veränderungen, auch Geburt und Tod, vor dem Hintergrund der Unsterblichkeit. Das was sich verändert, erscheint uns am unwirklichsten.
Unsterblichkeit – das Ablegen der Illusion von Geburt & Tod – das Erkennen der Unendlichkeit

*I*ch werde heute einen Text über die Seele und das Versprechen eines Lebens nach dem Tode lesen. Ich werde fünf Dinge niederschreiben, für die man sich meiner nach meinem Tod erinnern soll. Ich werde mich hinsetzen, mich still auf die kurze Pause zwischen dem Ein- und dem Ausatmen konzentrieren und im Jetzt die Ewigkeit spüren.

Kapitel 2 - Mich selbst annehmen & erkennen
Nicht vom Denken gesteuert werden, doch Denken steuern

*A*lle meine Erfahrungen spiegeln mich selbst: Deshalb besteht keine Veranlassung zur Flucht. Es gibt keinen Ort, an den ich fliehen könnte, und solange ich mich als Schöpfer meiner Wirklichkeit verstehe und weiss, würde ich die Flucht nicht in Anbetracht ziehen, unter keinen Umständen.
Mein Leben ist Teil jedes anderen Lebens: Ich bin mit allem verbunden. Deshalb ist es unmöglich, dass ich Feinde habe. Ich habe nicht das Bedürfnis, etwas abzulehnen, mich zu widersetzen, etwas zu erobern oder zu zerstören.

Ich muss nichts und niemanden kontrollieren: Ich kann Veränderungen herbeiführen, indem ich das Einzige verändere, das ich je unter Kontrolle hatte - mich selbst.

Abhängig von den fünf Sinnen: Trennung, Dualität, Ego, der Angst unterworfen, der Quelle fern; zeitlich und räumlich begrenzt.

Abhängig von den Naturgesetzen: Herr der Lage, weniger ängstlich; nutzt die natürlichen Ressourcen; einfallsreich, verständig; erforscht Raum und Zeit.

Abhängig vom Bewusstsein: kreativ; bestens mit den Naturgesetzen betraut; der Quelle nah; Grenzen verschwinden, Absichten führen zu Ergebnissen; jenseits von Raum und Zeit.

Wenn Du einen Weg zu Dir und der Quelle (Quelle des Ursprungs / Rose / Allem was ist) finden möchtest, musst Du zulassen, dass sich das Leben einrichtet, wie es will.

Jede Erfahrung hat grob- und feinstoffliche Ebenen, die feinstofflicheren Ebenen sind empfindsamer, wacher und bedeutungsvoller als die grobstofflichen.

Kapitel 3 - Begleiter in das Bewusstsein der Liebe
Alltägliche Begleiter

Einen Menschen zu lieben ist feinstofflicher als ihn abzulehnen oder wegzustossen.

Einen Menschen anzunehmen ist feinstofflicher als ihn zu kritisieren.

Sich für den Frieden einzusetzen ist feinstofflicher als Zorn und Gewalt zu verbreiten.

Einen Menschen urteilsfrei zu betrachten ist feinstofflicher als ihn zu kritisieren.

Kapitel 4 - Bewusstseinserweiterung
Von der Angst in die Liebe

Du musst sehr genau wissen, wer Du bist, um Dich den vielen Hindernissen und Herausforderungen zu stellen. Wenn Du bereits schwach und gebrechlich bist, wirst Du womöglich noch schwächer und gebrechlicher, wenn Du Dich Deinen Schattenenergien stellst.

Bewusstseinserweiterung bedeutet, Deine eigenen Grenzen zu überschreiten, über Dich hinauszugehen, Dich Dir selber gegenüberzustellen, die Bereitschaft, Dich bedingungslos anzunehmen.

Innere Konflikte (Spannungsfelder / Negativität / Grobstofflichkeit) sollen vorab bereinigt werden, Ängste sollen abgelegt werden. Die Erkenntnis, Innen ist wie Aussen, und das Verständnis für die Meinung dieser Wahrheit.

Du sollst Dir bewusst sein, je näher Du der Erleuchtung kommst, desto wichtiger ist es, Dir selbst und dem Weg treu (Achtsamkeit / Gegenwärtigkeit) zu sein. Dies, da die Schwingungen sich intensiviert haben auf diesem Niveau und es dadurch sofortige Resonanzen erzeugt, wenn Du Dir selber nicht treu bist (Achtsamkeit / Gegenwärtigkeit).

Kapitel 5 - Das Überwinden der Dualität
Dichte – Ebene der Gegensätzlichkeit

$\mathcal{U}$ber Achtsamkeit[1] und Gegenwärtigkeit[2] beginnst Du, Dich in einem fliessenden Prozess oder aber auch genau Jetzt, von der Dualität / der Gegensätzlichkeit zu lösen.
Das Verweilen im Jetzt (Erleuchtung / als vergehendes Erlebnis Kundalini genannt) ist geprägt durch Glückseligkeit und Liebe zu allem, was ist. Es bedingt vollkommenes Ankommen im Jetzt und das Bewusstsein, dass weder Zukunft noch Vergangenheit existieren. Loslassen von Angst und allen damit verbundenen Schmerzkörpern sind die Bausteine zu diesem Bewusstsein.

Ausführungen und Erläuterungen:
[1]Achtsamkeit steht für: das ganz in der Gegenwart, im Hier und Jetzt Sein und sich seiner Gefühle, Gedanken und Handlungen in jedem Augenblick voll bewusst zu sein. Die reine Wahrnehmung der Fülle, die sich im Augenblick bündelt, ohne sie zu beurteilen, einfach nur als Zeuge in sich ruhend.

Einübung und Entwicklung (über Meditation) einer derart breiten Achtsamkeit ermöglicht psychologisch / spirituell ein offenes und umfassendes Gewahr-Werden – und mit der Zeit schliesslich auch ein beständiges Gewahr-Bleiben – aller geistigen Vorgänge, einschliesslich eines unablässigen Gewahr-Seins seiner Wahrnehmungen des eigenen Handelns und Verhaltens in der jeweiligen Umwelt.

[2]Gegenwärtigkeit meint, sich im Jetzt zu befinden.

Kapitel 6 - Hingabe ist - transzendentes Verhalten - prosoziales Verhalten – Altruismus
Die Schlüssel zur Feinstofflichkeit – Wir sind gekommen, einander zu dienen

- Vollkommene Aufmerksamkeit
- Hochachtung vor dem Reichtum des Lebens
- Sich dem zu öffnen, was vor einem liegt
- Nicht zu urteilen
- Abwesenheit des Ego
- Für alle Möglichkeiten empfänglich zu sein
- Die Liebe zulassen

Kapitel 7 - Fühl Dich in Deiner Mitte - Deinem Zentrum - Deinem Haus zu Hause
Ehre – liebe – umarme – pflege & entfalte Dich in Dir selbst

Die Mitte ist überall, sie ist unbegrenzter freier Raum. Mach Dich zur Mitte, zum Zentrum jeglicher Erfahrung. Die Mitte ist nicht die rote Mitte auf einer Darts-Scheibe, sie ist ein Brennpunkt der Aufmerksamkeit.
Wenn Du Dich in Deiner Mitte fühlst, dann überlässt Du Dich entspannt dem Rhythmus Deines Lebens. Dadurch bereitet das Leben Dir die Bühne, um Dir selbst auf einer tieferen Ebene zu begegnen. Es bereitet Dich auf das Treffen mit Deinem inneren Beobachter (jenseits vom Denken/Ego) vor. Denn Du kannst Deinen inneren Beobachter nicht herbeirufen, doch Du kannst Dich ihm nähern, indem Du Dich weigerst, Dich in Deiner eigenen Schöpfung zu verlieren.

Das Verlieren der Mitte geht einher mit dem Verlust der Konzentration (Energie), Du verlierst den Fokus und achtest nicht mehr auf Deine Erfahrung oder blockst sie gar ab / verneinst sie.

Wenn ich spüre, dass mich etwas belastet, helfe ich mir mit einfachen Schritten:
- Ich sage mir: „Diese Situation erschüttert mich, aber ich bin so viel mehr als diese Situation (die Situation hat nicht mit mir / meinem Zentrum zu tun).
- Ich atme tief ein und richte die Aufmerksamkeit auf die Empfindungen meines Körpers.
- Ich trete einen Schritt zurück und betrachte mich mit anderen Augen (Vorzugs-weise mit den Augen dessen, gegen den ich mich gerade sträube oder auf den ich reagiere).

- Ich mache mir klar, dass meine (durch das Denken gefilterten[3]) Gefühle keine verlässlichen Wegweiser sind, um mich zu dem zu führen, was dauerhaft und wirklich ist.
- Wenn ich kurz vor einem unkontrollierten Ausbruch stehe, gehe ich.

Ausführungen und Erläuterungen:
[3]Durch das Denken gefilterte Gefühle sind vorübergehende Reaktionen und höchstwahrscheinlich Gewohnheitssache. Damit meine ich, dass durch das ins Denken (Ego) eingeschleuste Gefühl Schmerzkörper angesprochen und aktiviert werden. Dadurch wird das Gefühl zur Emotion. Die Emotion ihrerseits hat ihre mehr oder weniger fest zugeteilten Schmerzkörper, und es kommt zum Gefühlsausbruch.
Ein Schmerzkörper entsteht durch eine Mischform von Anlage und Umwelt und den daraus extrahierten Erfahrungswerten, durch diesen Prozess (Adaptionsprozess / J. Piaget) werden einerseits Strukturen definiert und anderseits auch abgespeichert (kognitive Verhaltensmuster).

Kapitel 8 - Schritte, die zu Leid führen
Sich Entwicklung verweigern & Schmerzen erschaffen

- Ignorieren der Tatsachen
- Negative Wahrnehmung
- Verstärken der negativen Wahrnehmungen durch zwanghaftes Denken (Neurosen / Switchen zwischen und innerhalb der Schmerzkörper)
- Sich im Schmerz (Körper) verlieren, ohne nach einem Ausweg zu suchen
- Sich mit anderen vergleichen
- Zementieren und untermauern von Leid mit Hilfe von Beziehungen (Austausch)

Kapitel 9 - Sein & Verhalten, welches Leid auflöst
Wie verhalte ich mich, wenn ein anderer Schmerz empfindet?

- Ich fühle mit Dir, ich weiss, was Du durchmachst. Du musst nichts Bestimmtes fühlen, um mich glücklich zu machen
- Ich werde Dir helfen, das durchzustehen
- Ich erwarte nicht, dass Du perfekt bist, Du enttäuschst mich nicht
- Der Schmerz, den Du fühlst, ist nicht Dein wahres Ich
- Ich gebe Dir so viel Raum, wie Du brauchst, aber ich verlasse Dich nicht

- Ich werde so ehrlich wie möglich zu Dir sein
- Ich werde keine Angst vor Dir haben - nicht einmal, wenn Du Dich vor Deinem Schmerz fürchtest
- Ich werde alles in meiner Macht Stehende tun, um Dir aufzuzeigen, dass das Leben schön ist und Freude machen kann
- Ich kann die Verantwortung für Deinen Schmerz nicht übernehmen
- Ich werde nicht zulassen, dass Du Dich an Deinen Schmerz klammerst - wir sind hier, um ihn zu überwinden
- Ich werde Deine Heilung ebenso ernst nehmen wie mein Wohlbefinden

Kapitel 10 - Entladen von gestauter oder blockierter Energie
Energie soll immer frei sein – somit Entwicklung passieren kann

Atme einmal tief durch, bleib still sitzen und spüre dem Gefühl im Körper nach. Fühle, aber urteile nicht (infiziere die Wahrnehmung nicht mit Denken). Bleib einfach bei dem Gefühl.
Lass alle Gefühle, Gedanken und/oder Energien zu, die in Dir hochsteigen - oft bedeutet das, dass Du einer besorgten, wütenden, ängstlichen oder verletzten Stimme zuhören musst. Lass die Stimme sagen, was sie zu sagen hat. Hör zu und erkenne, was vor sich geht.
Beobachte, wie sich die Energie auflöst. Verlange nicht, dass sie sich vollständig auflöst (Gefühlsprozess mit Denken infizieren = Schmerzkörper aktivieren). Vertraue darauf, dass der Körper so viel angestaute Energie loslässt, wie er kann. Wiederhole den Vorgang ein paar Stunden später oder am nächsten Tag.

Das Leben korrigiert und berichtigt seinen vorbestimmten Weg von selbst. Du kannst (scheinbar) willkürlich (unbewusst intuitiv) oder leichtfertig einen bestimmten Weg einschlagen. Das ändert allerdings nichts an den im Bewusstsein verankerten Mechanismen. Diese folgen weiterhin denselben Prinzipien.

Kapitel 11 - Prinzipien, welche Deinen inneren Mechanismen folgen & entsprechen
Vertrauen in die Liebe – Vertrauen in die Welt, den Kosmos & Vertrauen in die Menschheit

- Sie passen sich Deinen Wünschen an
- Sie halten alles im Gleichgewicht

- Sie harmonisieren Dein Leben mit dem Leben des Kosmos
- Sie machen Dir bewusst, was Du tust
- Sie führen Dir die Folgen Deines Tuns vor Augen
- Sie machen Dein Leben so wirklich wie möglich (je nach Bewusstseinszustand)

Kapitel 12 - Gut & Böse
Erleben & erfahren innerhalb der Ebene Dichte – der Dualität

*A*ls nächstes komme ich zum Thema Schatten-Energien (das Wort Schatten wurde vom Psychoanalytiker C.G Jung geprägt). Gut und Böse ist ein Ausdruck aus der Welt der Dualität und an sich nicht voneinander zu unterscheiden.

Jeder Mensch weiss, was für ihn gut oder schlecht ist und handelt dementsprechend seinem inneren Wegleiter (Prinzipien, welche inneren Mechanismen folgen) nach. Der Dalai Lama geht davon aus, dass alle Menschen mit einer inneren Uhr auf die Welt kommen, welche sie gut und schlecht, völlig wertfrei und als Folge des Einklangs mit dem Kosmos, unterscheiden und erkennen lässt. Dies entspricht auch meinem inneren Gefühl. Dieses Gefühl war als Kind wie auch als Jugendlicher und als junger Erwachsener sehr irritierend, da ich niemanden finden konnte (Lehrer, Eltern, Verwandte), der es mit mir teilte oder zu verstehen bereit war.

Wenn Du Dinge tust, die Dir fremd sind oder die Brutstätten des Bösen[1] oder Bedingungen sind, die Schatten-Energien freisetzen:

- Aufhebung des Verantwortungsgefühls
- Anonymität
- Entmenschlichende Umgebung
- Beispiele schlechten Benehmens von anderen
- Passiver Zuschauer (auch Medienkonsum)
- Starre Machtgefüge
- Überwiegen von Chaos und Unordnung
- Sinnlosigkeit
- Stillschweigende Erlaubnis, anderen schaden zu dürfen
- „Wir-gegen-die-anderen" Mentalität
- Isolation
- Sich nicht verantworten müssen

Ausführungen und Erläuterungen:

[1]Böse wird vielfach mit dem Bösen, dem Teufel, Satan, Beelzebub, Luzifer (etc.) und der Hölle assoziiert / in Verbindung gebracht. Die Hölle, der Teufel, wie auch Dämonen existieren meiner Meinung nach nicht in dieser Welt. Was wir haben ist Negativität, verursacht durch nicht vorhandenes Bewusstsein von menschlichen Individuen.

Negativität kann als Form oder Gedanke reisen und übertragen werden. Dies kann anderen Menschen Schaden zufügen, Krankheiten auslösen und zum frühzeitigen Ableben beitragen. Allerdings ist das nur bei unbewussten Individuen möglich. Denn das Universum / der Kosmos schliesst Negativität, als natürliche Reaktion, aus. So schütze und heile ich mich, wie ich mich mit dem Kosmos / dem Universum verbinde und mit ihm in Verbindung stehe.

Kapitel 13 - Wenn die Türen offen sind
Leben in allen Bewusstseinsdimensionen

Das Wort Böse entspricht mir nicht und trotzdem wollte ich es in diesem, oben aufgeführten, Kontext verwenden. Um es für mich allerdings energetisch auszugleichen, habe ich folgende Ausführung angebracht.

- Reines Sein – wenn diese Türe offen ist, erkennst Du Dich als das „Ich Bin", den einfachen Zustand ewigen Seins.
- Unbedingte Glückseligkeit - wenn diese Türe offen ist, fühlst Du Dich bei allem, was Du tust, strahlend und lebendig. Glückseligkeit ist jenseits von Lust und Schmerz.
- Liebe - der Bereich der Glückseligkeit in der persönlichen Erfahrung. Wenn diese Tür offen ist, sind alle Lebensbereiche von Liebe durchdrungen. Die Liebe ist Dein Hauptantrieb in allen Beziehungen - angefangen bei der Beziehung zu Dir selber. Auf tieferer Ebene verbindet Dich die Liebe mit dem Universum / dem Kosmos.
- Erkenntnis - die Quelle des Wissens. Wenn diese Türe offen ist, hast Du Zugang zu allem Wissen und zu aller Weisheit der Schöpfung.
- Mythos und Archetypen - wenn diese Türe offen ist, gestaltest Du Dein Leben als eine Suche. Du strebst nach denselben Zielen wie die Helden und Heldinnen, die Du verehrst. Du spielst deine Rolle in der ewigen Dynamik zwischen dem Männlichen und Weiblichen.
- Intuition - wenn diese Türe offen ist, kannst Du die feinstofflichen Kräfte zur Heilung, zum Hellsehen und für Einblicke in die menschliche Natur nutzen. Die Intuition führt Dich auf ihrem eigenen Weg, indem sie Dir zeigt, welche Richtung Du wählen sollst, wenn es Zeit ist für einen Richtungswechsel.

- Fantasie - wenn diese Türe offen ist, haben die Bilder in Deinem Kopf schöpferische Kraft. Sie hauchen nie da gewesenen Möglichkeiten Leben ein. Auf dieser Ebene entwickelst Du auch eine Leidenschaft für das Erforschen des Unbekannten.
- Verstand - wenn diese Türe offen ist, kannst Du Systeme und Modelle der Wirklichkeit entwerfen. Das rationale Denken nutzt die unendliche Vielzahl der Möglichkeiten mithilfe der Logik, die sich einzelne Scheibchen der Wirklichkeit abschneidet, um sie getrennt vom Ganzen zu analysieren.
- Gefühl - wenn diese Türe offen ist, bist Du für körperliche Empfindungen empfänglich und interpretierst sie entweder als Lust oder Schmerz. Also als erstrebenswert oder vermeidbar - der Gefühls-Teil gewinnt direkt nach seiner Einteilung in gut oder schlecht unheimlich an Kraft, denn er wird durch das Aufsplitten in Emotionen aufgeteilt. Der emotionale Teil ist so stark, dass er Logik und Vernunft, die Ratio, ausser Kraft setzt.
- Körper - wenn diese Türe offen ist, empfindest Du Dich als eigenständiges Wesen in der materiellen Welt

Kapitel 14 - Womit halte ich mich davon ab, in Bewusstseinsbereiche einzutauchen?
Gehe die Bereiche für Dich durch und notiere Dir die Eigenschaften Deiner inneren Prozesse um sie aufzulösen

- Reines Sein...
- Unbedingte Glückseligkeit...
- Liebe...
- Erkenntnis...
- Mythos[1] und Archetypen[2]...
- Intuition...
- Fantasie...
- Verstand...
- Gefühl...
- Körper...

Ausführungen und Erläuterungen:
[1]Mythos ist eine erzählerische Verknüpfung von Ereignissen. Er wird in der Gegenwart für eine Erzählung verwendet, die Anspruch auf Geltung erhebt (Ideologie). Je nach Standpunkt ist diese Geltung berechtigt (auf Tradition oder Konsens gestützt) oder unberechtigt (als Gerücht oder Lügengeschichte).
[2]Archetyp /griechisch: Urbild; die im kollektiven Unbewussten angesiedelten

Urbilder menschlicher Vorstellungsmuster. Archetypen sind psychische Strukturdominanten, die als unbewusste Wirkfaktoren das Bewusstsein beeinflussen, dieses vor-formen und strukturieren. Viele der Archetypen beruhen auf Urerfahrungen der Menschheit wie Geburt, Kindheit, Pubertät, ein Kind bekommen, Elternschaft, alt werden, Tod.

Kapitel 15 - Eine kleine Wegleitung zum Tod und dem ewigen Kreislauf
Wir sind gekommen um zu gehen – der Segen des Lebens

Wenn Du stirbst, gehst Du nirgendwo hin, weil Du Dich bereits in der allgegenwärtigen Dimension von allem, was ist befindest. Stell Dir ein Haus mit vier Wänden und einem Dach vor. Wenn das Haus abbrennt, stürzen Wände und Dach ein. Doch der Raum darin bleibt unverändert. Du kannst einen Architekten beauftragen, ein neues Haus zu bauen, doch auch nachdem es gebaut wurde, bleibt der Raum unverändert.
Der Quantenphysik zufolge befinden sich winzige subatomare Teilchen überall in der Raum-Zeit, bevor sie als Teilchen lokalisiert werden. Was schliesst Du daraus? Wenn ich vor meinem Fernsehgerät sitze und fernsehe, nehme ich nur den aktuellen, ausgewählten Sender wahr. Alle anderen Sender sind aber in Form von elektromagnetischer Spannung in der Luft. Ich könnte noch diverse weitere Beispiele anfügen, doch ich hoffe, ich habe Dich erreicht und Dir aufzeigen können, dass es keinen begrenzten Gedanken, sondern nur begrenzte Gedanken gibt.

Sinn und Zweck dieses Lebens ist es herauszufinden, wer man ist, weshalb man hierher kam und was man als nächstes möchte.

Und in genau diesem Zyklus materialisiert und dematerialisiert man, kommen und gehen wir, die einen schneller und die anderen langsamer. Die einen wiederholen Zyklen, die anderen überspringen welche. Viele verschiedene Seelen / Wesen mit verschiedensten Aufgaben und Absichten.

Bereits haben wir die Grenzen zwischen Gut und Böse, Leben und Tod verwischt. Was aber ist mit freiem Wille und Determinismus[1]?

Freier Wille:
• Unabhängigkeit
• Selbstbestimmung
• Entscheidungsfreiheit

- Kontrolle über Ereignisse
- Die Zukunft ist offen

Determinismus:
- Abhängigkeit
- Fremdbestimmung
- Entscheidungen werden für einen getroffen
- Keine Kontrolle über die Ereignisse
- Die Zukunft steht fest

Determinismus[1] und freier Wille sind Dir in Form dieser Aufstellung gute Bekannte. Sie aufzuschlüsseln ist folgendermassen möglich:

Der freie Wille ist das Resultat des bewussten (bewusst im Kontext zu Erleuchtung) Lebens und der Determinismus ist das Resultat des unbewussten Lebens.

Ausführungen und Erläuterungen:
[1]Determinismus: bezeichnet die Auffassung, dass zukünftige Ereignisse durch Vorbedingungen eindeutig festgelegt sind.

Kapitel 16 - Ausführungen & Auslegungen
Wir sind die Evolution – Ich danke Dir – Du heiliges – endloses Sein

Dein Leben fügt sich den Gesetzen der Dualität, des Karmas, des Schicksals. Dies aber nur, solange Du / wir im unbewussten Zustand als Schläfer/ Schlafende durch unser Leben wandeln.
Sobald Du erwachst, trittst Du in Dein Paradies ein, ohne Dualität, Ursache und Wirkung, Karma und Schicksal. Du trittst ins Nirwana, den Himmel, den Garten der Jungfrauen, den Tempel der Götter oder wie Du es auch immer nennst, ein. Im Buddhismus gilt der Tod als der Moment des Eintrittes in dieses Nirwana. Während ihrer Lebzeiten rezitieren Mönche Mantras und üben sich in Bewusstseinsebenen und Zuständen um ihrer Seele / dem Sein / dem Ich, während dem Verlassen des Körpers den Eintritt dahin zu ermöglichen (vereinfacht ausgedrückt).

Ich bin mir sicher, dass jeder von uns das während seiner Lebzeiten, Jetzt, tun kann, wenn er sich dafür entscheidet. Genauso wie es Jesus, Buddha, Mohammed, viele Propheten, die in den religiösen Schriften erwähnt werden, viele Götter aus mir nicht bekannten und vergessenen Religionen es getan haben.

Ich hoffe mit den Zeilen auf den Blättern, welche durch Deine Finger fuhren, ein Gefühl erweckt zu haben. Ein Gefühl, wie wenn jemand sanft Deine Schulter umgreift und Dir ins Ohr flüstert: „Guten Morgen".

Spirituelle Nüchternheit - was mag das bedeuten, wie mag dies zu erreichen sein? Wie kann ich mich inmitten dieses Gemenges von Medienflut, Arbeitswelt und permanenten Einflüssen aus Bekannt- und Verwandtschaft auf diese erwähnte spirituelle Nüchternheit besinnen und konzentrieren? Ganz einfach, indem ich fokussiere und mich ausbalanciere.

- Ertappe Dich dabei, wenn Du unachtsam bist
- Höre Dir selbst zu, wenn Du etwas sagst
- Achte Dich auf Deine Reaktionen und die daraus entstehenden Gedanken, Absichten und Handlungen
- Löse Dich von Details, lasse Dich nicht ablenken vom Wesentlichen und behalte den Kernpunkt Deiner Absichten im Fokus
- Folge dem Auf und Ab der Energie, gehe mit dem Energiefluss
- Stelle Dein Ego in Frage
- Tauche in eine spirituelle Umgebung ein

In dem Moment, wo wir uns entscheiden zu erwachen, uns zu erheben und das Leben nicht nur als dreidimensionale, materielle Sache zu betrachten, kommen uns weder Engel noch Götter, Lichtstrahlen oder Fabelwesen zu Hilfe. Nein, wir werden zu dem, was wir schon immer waren, unbeschränktes und reines Sein – unendliches Potenzial.
Wir erreichen die Fähigkeit, alles zu erreichen, wonach wir streben, wovon wir träumten und wonach wir uns sehnen.
Tönt doch irrsinnig verlockend, nicht wahr – doch ist es nicht die Versuchung, die uns dahin bringt, sondern das Erinnern und Entsprechen.
Doch das Wichtigste, um aus den Illusionen und Luftschlössern reelle Begebenheiten zu schaffen, ist das Bewusstsein darüber, dass Veränderungen im Innern geschehen müssen, damit sie passieren können.
In unserer westlichen Gesellschaft, für meinen Teil als Schweizer, haben wir kaum Verständnis für solche Metaphern – Prozesse &metaphysische Ansätze – denn wir haben die Dichte so stark verdichtet (Verträge & Rituale – Kontrolle über alles zu jeder Zeit) – dass das Erinnern sehr schwer fällt.

Die Voraussetzung zum Erreichen der Fähigkeit der Verdichtung der Dichte (Dualität) ist jedoch das Verständnis dafür & genau deshalb sind wir als Land – als Schweiz von grosser Bedeutung im Prozess des weltweiten Erwachens.

Ausführungen und Erläuterungen:

Spiritualität: steht für alles nicht Materielle, für die geistige, flüchtige Welt, für die 99% des Universums, die wir nicht wahrnehmen können mit unserer Wahrnehmung.

Metaphern: Die Metapher (vom Griechischen μεταφορά, wörtlich „Übertragung" von meta-phorein „übertragen, übersetzen, transportieren") ist eine rhetorische Figur, bei der ein Wort nicht in seiner wörtlichen, sondern in einer übertragenen Bedeutung gebraucht wird, und zwar so, dass zwischen der wörtlich bezeichneten Sache und der übertragen gemeinten eine Beziehung der Ähnlichkeit besteht.
Dies hat den einfachen Grund, dass es an Verhalten und damit verbundene Denkstrukturen anknüpft, über welche wir nur in seltenen Fällen verfügen, sprich, sie sind uns nicht bewusst. Und genau dies ist der Kernpunkt um welchen wir kreisen: Bewusstwerdung.

Kapitel 17 - Glück
Die Essenz des freien Seins & der Schöpferkraft

*J*ch möchte mich als nächstes dem Glück zuwenden, dem Glück und dessen Quelle. Dafür verwende ich folgende Definitionen:

• Glück ist nicht lokal
• Glück ist nicht anhaftend
• Glück ist unpersönlich
• Glück ist universell
• Glück ist unveränderlich
• Glück ist aus der Essenz erschaffen

Glück ist, genauso wie Liebe, Freude und Mitgefühl, weder personen- noch materialbezogen. Es handelt sich entweder um einen flüchtigen Moment, der sich über Erfahrungen und Begebenheiten widerspiegelt oder einen dauerhaften Zustand in dem man sich befindet. Der flüchtige Zustand ist wie ein Signal, anhand dessen wir uns orientieren können, um ihn über Fokussieren und Achtsamkeit in der Meditation in einen dauerhaften Zustand und Bestandteil unseres Lebens zu transformieren.

Scheint es nicht verrückt, anzunehmen, dass ein Vorgang, der Milliarden von Lichtjahren dauert, der mit unglaublicher Geschwindigkeit abläuft und der Billio-

nen von Sternen hervorbringt, in der Entstehung der menschlichen DNS gipfelt? Weshalb brauchte das Universum uns, um es zu bestaunen?
Ist es nicht möglich, dass in Wirklichkeit nicht die beobachtende Rolle unser Tätigkeitsbereich ist, sondern die gestaltende?

Ich gehe fest davon aus, dass dies so ist, wir sind die Götter, die Fabelwesen, die Engel, die Geister, die Lichtwesen, die dieses 1% der Realität, das wir wahrnehmen und in dem wir leben, gestalten und formen.

Wenn wir also die Choreografen, die Regisseure und Produzenten dessen, was da alles ist, sind, liegt dann nicht auch eine ganze Menge Verantwortung und Bewusstsein darüber in unseren Händen? Wenn ja, ganz bestimmt, denn eines verbindet uns alle: der Wunsch nach Liebe, Harmonie, Freude und Glück.
Wir alle sind Verbindungen aus rund 100 Billionen Zellen, welche erwiesenermassen auf Schwingung reagieren und sich entsprechend von Schwingung verhalten.

Alle wahrnehmbare Materie, davon abgesehen ob man ihr Leben zuschreibt oder nicht, besteht aus Teilchen, ob diese nun als Zelle (lebende Wesen) oder als Atom (Materie), als Protein oder als Proton bezeichnet wird: Es sind alles Bestandteile und Bausteine, welche innerhalb verschiedener Frequenzbereiche in verschiedenen Bereichen und mit verschiedenen Eigenschaften schwingen.
Sprache, Gedanke, Berührung und Emotion sind allesamt verschiedene Frequenzbereiche, über die wir Schwingungen versenden und empfangen.

Fangen wir also an, bewusst mit unseren Fähigkeiten und Möglichkeiten umzugehen, jetzt und augenblicklich.

Kapitel 18 - Menschliches Verhalten
Lerne, die Welt wieder aus den Augen eines Kindes zu betrachten

Was heisst dies in Bezug zu unserem Verhalten und der Art wie wir das Leben wahrnehmen? Stell Dir vor, Du bist auf der Suche nach einem Job oder Du bist kürzlich von Deinem Partner verlassen worden oder hast ihn verlassen, eine geliebte Person ist verstorben... ich könnte diese Auflistung endlos fortsetzen. Was ich damit aufzeigen will sind Prozesse, in denen vielfach Zweifel, Schmerz, Angst und Trauer ausgelöst werden. Gefühle, welche ihnen Selbstsicherheit, Wohlgefühl, Mut und Freude rauben und sie verdrängen.

Wozu denn nun dieses Aufzeigen und Umschreiben und was hat es mit den Kinderaugen zu tun?

- Ich möchte mich nicht blamieren
- Ich möchte nicht hinfallen
- Ich möchte nicht, dass jemand sieht, wie ich versage
- Ich möchte nicht mit der Last des Versagens leben müssen
- Ich möchte nicht meine gesamte Energie darauf verwenden
- Ich möchte keinen Schmerz spüren
- Ich möchte die Angelegenheit so schnell wie möglich hinter mich bringen

Stell Dir ein Kleinkind vor. Und nun versuche Dir vorzustellen, ob diese Vorbehalte so im Kopf des Kindes existieren können. Natürlich nicht, wie sollte ein Kind, wie hätte je ein Mensch Gehen, Sprechen, Schreiben oder Lesen lernen sollen mit solchen Vorbehalten in seinem Denken.
Was dieses Beispiel aber ganz klar und deutlich aufzeigt, ist inwiefern das Lernverhalten (die Lebenseinstellung) beeinflusst werden kann. Nämlich, indem man dem Kind solches Gedankengut und daraus resultierendes Verhalten vorlebt.
Als Erwachsene scheinen uns diese Vorbehalte geradezu normal, wenn nicht gar vernünftig. Meiner Meinung nach ist dieser Umstand erschreckend, wenn nicht gar alarmierend. Denn was tun wir uns an, wir hemmen uns, schränken uns ein und blockieren uns.

Wenn wir uns soweit entspannen können, dass wir mit natürlicher Kindlichkeit und ohne Vorbehalte den Moment und das Jetzt wahrnehmen, öffnen wir das Tor zu unseren natürlichen Fähigkeiten. Wir öffnen das Tor zu unserer ureigenen Essenz, zu unserer reinsten Form des Seins und diese vollbringt drei Dinge gleichzeitig:

- Sie erdenkt alles, was es gibt und was ist, was war und was sein wird
- Sie verwirklicht jegwelche Vorstellung
- Sie tritt in diese Wirklichkeit ein und erhält Dich am Leben

Was heisst dies in Bezug auf unser Verhalten? Alles ist programmierbar. Ich wähle diesen Ausdruck, da er im Zeitalter des Computers wunderbar aufzeigt, was ich aussagen möchte. Verhalten ist geprägt von allem Erlebtem und Erfahrbarem. Bezug nehmend auf diese Aussage und Erkenntnis ist es uns auch zu jeder Zeit möglich, das System neu zu programmieren, es mit neuer Software zu ergänzen oder Systemteile zu ersetzen oder auszutauschen.

Der Text Yoga Vasistha, was man mit „Vasisthas Vorstellungen von der Vereinigung" übersetzen könnte, enthält sehr schöne Stellen die wunderbar aufzeigen, wie die Wahrnehmung sich in Bezug auf die Essenz äussert (D. Chopra):

„Im unendlichen Bewusstsein kommen und gehen Universen wie Staubteilchen in einem Sonnenstrahl, der durch ein Loch im Dach fällt. – Der Tod wacht immerzu über das Leben. – Alle Objekte werden im Subjekt erfahren, nirgends sonst. – Ganze Welten entstehen und vergehen wie Wellen im Ozean."

Diese Worte sind frei von Emotion, frei von Zweifel, Angst oder Trauer, sie sind entstanden durch den Austausch eines freien und entspannten Geistes mit der Essenz, mit sich selbst, mit dem Sein.
Fangen wir an, auf unsere innere Stimme, unser Bauchgefühl, unsere Eingebungen und Vorahnungen zu hören, denn sie alle entstammen unserer Essenz.
Das heisst keineswegs, dass Du ihnen entsprechend Handlungen oder Taten folgen lassen sollst im Aussen, in der materiellen Welt, es ist ein Aufruf zu einer Revolution oder einem Systemumbruch, im Innen, im Geist.
Egal unter welchen Lebensumständen, in welcher Situation oder in welcher Verfassung der Geist, der Spirit, die Essenz und das Sein sich zeigen - Du bist immer frei und voller unendlicher Möglichkeiten.

Kapitel 19 - Das menschliche Ego
Ich bin getrennt von der Liebe – das Überleben des Stärkeren

Solange Du mit Deinem Verstand identifiziert bist, reagiert und bestimmt das Ego Dein Leben. Das Ego ist ein Phantom, umgeben und behütet von vielschichtigen Verteidigungsmechanismen. Diese Verteidigungsmechanismen bezeichne ich als Schmerzkörper. Als solche demaskiert, wird das Ego sichtbar gemacht und zugänglich.
Sofort reagiert das Ego ängstlich und besorgt, es sendet intensiv Signale an den Schmerzkörper, es will Angst auslösen um zu verhindern, dass es seinen Job verliert.
Man kann sich das Ego als ein Tier (Gollum in „Der Herr der Ringe") vorstellen, seine Nahrung besteht aus Angst und allen damit verbundenen Unterbegriffen wie Zweifel, Vorsicht, unbegründete Ablehnung und dadurch verursachte Abwehrhaltung.
Würde man also jetzt sämtliche Angst ausschalten, hätte das Tier keine Nahrung mehr.

Dann ist es nichts als logisch, dass das Tier all seine Energien und Möglichkeiten aufbringt um wieder an Nahrung zu kommen.

• Angst vor Verlust
• Angst vor Versagen
• Angst vor Verletzung
• Angst vor Strafe
• Angst vor Ungerechtigkeit
• Angst vor Spinnen
• Angst vor Dreck
• Angst vor Übergewicht
• Angst vor Stellenverlust
• Angst vor Geldnot
• Angst um seine Existenz...

Ich könnte die Liste noch weiter in die Länge ziehen, doch das ist nicht nötig, was diese Ängste alle verbindet ist deren Ursprung: die Angst vor dem Tod, welche in der Angst zu leben resultiert.
Weshalb fürchten wir uns vor dem Tod? Weil wir so sehr am Leben anhaften!
Und genau dieser Umstand ist es, der es uns unmöglich macht das Leben, den Moment, das Jetzt zu leben und zu erleben.

Angst ist es, die Dich wie mit Negativität erschaffen lässt, egal in welcher Form. Angst ist es, die Dich Deine Träume vergessen lässt und Angst ist es, die Dich krank macht. Egal ob in Form von Neurodermitis, Schuppenflechten, Allergien, Asthma, akuten oder chronischen Bauchschmerzen und Verdauungsproblemen. Auch hier könnte ich die Auflistung endlos weiterführen. Ihr Ursprung ist Negativität, welche durch Angst erzeugt wurde.

Den meisten Menschen fällt es schwer, sich einen Bewusstseinszustand der frei ist von Negativität/Angst vorzustellen. Dies ist einerseits völlig verständlich und klar, denn wie soll man sich etwas, das sich der Vorstellungskraft des Verstandes, den man benutzt entzieht, vorstellen.
Dazu ein Sprichwort;

-Es gibt keinen unbegrenzten Gedanken, es gibt nur begrenzte Gedanken-

Stelle Dir vor, Du würdest binnen einer Sekunde alle Deine Sorgen und Zweifel, Deine Ängste und Deinen Stress völlig vergessen, von jetzt zu jetzt ist er wegge-blasen und inexistent. Unvorstellbar, sagst DU?

Höre auf Dein Herz und vertraue Deiner Intuition – erinnere Dich daran wer Du bist & an Deine Träume – liebe Dich & sprich Dir zu, was Du bist – unendliches Potenzial.

Ausführungen und Erläuterungen:
Tier: Ich verwende den Ausdruck Tier, da ich einen durch Instinkt hervorgerufenen Prozess beschreibe. Anhand des Tieres ist dieser einfacher aufzuzeigen in diesem Beispiel.

Kapitel 20 - Das Erwachen
Eine Liebe – Ein Herz – Eine Rasse – Ein Planet – Ein Kosmos

Kennst Du den Moment, in dem Du die Person getroffen hast, die Dich für kurz oder lang um den Verstand brachte?
Egal, ob für einen flüchtigen Augenblick, einen Sekundenbruchteil, Stunden, Tage, Wochen oder Jahre. Jeder von uns kennt ihn, diesen Augenblick.
Dieser Umstand kann sich ebenso gut beim Durchqueren von Landschaften, Begegnungen mit Dingen oder Menschen ereignen – Es geht mir mit diesen Umschreibungen darum, Dich erinnern zu lassen – damit Du in die Essenz dieses Momentes aus Deinem Leben eingehen kannst.

Genau dieser Moment widerspiegelt den Zustand des Organismus im Bewusstsein von allumfassender Liebe, frei von Angst.
Es ist der Zustand der Erlösung, der Dir wie mir in allen möglichen Variationen und Ausführungen, ob in religiösen Schriften, Sagen, Geschichten und Erzählungen begegnet ist. Die Befreiung des Bewusstseins durch Ausschaltung des Egos. Auflösung der Illusion der Angst und dadurch die Befreiung der reinen Essenz, der Liebe zu allem, was da ist – dies ist was wir jederzeit fähig sind zu tun & im Namen des Weltenfriedens – lass es uns tun – im Namen aller Rassen und jeglichen Seins auf dem Planeten Erde.

Wenn Du Dich plötzlich, genau jetzt, im Paradies befändest, wie lange würde es dauern, bis Dein Verstand sagen würde: „Ja aber..." Wie kannst Du geniessen, entspannen und vertrauen, wenn diese Stimme Dich andauernd und permanent ablenkt und hinterfragt? Die Dinge, wie sie sind, sind unveränderbar, das Einzige was möglich ist, ist die Entscheidung, wie Du Dich innerhalb der Dinge und Begebenheiten verhältst und wie Du zu ihnen stehst. Das ist die pure und klare Blaupause des Momentes, des Jetzt. Innerhalb dieser Blaupause existiert keine Angst, keine Zeit & kein Raum - keine Begrenztheit, nur Sein.

Um die Prozesse der Wahrnehmung und deren Veränderung durch die Beeinflussung durch das Ego zu vertiefen, habe ich mich verschiedener Zeichnungen und Beschreibungen bedient – welchen Du, wunderbares Sein, beim Durchqueren dieses Buches begegnet bist.

Anhand dieser bringe ich die Prozesse auf die visuelle Ebene & versuche so, Dir über einen weiteren Kanal das Annehmen & Verstehen – das Erinnern & so das Eintreten in Dein unendliches Potenzial – zu vereinfachen & zu ermöglichen – ich danke Dir.

-Go for it, just do it, you are born as an original, d`ont die as a copy-

Teil 6 – Heureka, ich habe es gefunden
Erfahrungen aus meinem & anderen Leben

Einleitende Gedanken & Gefühle in den sechsten Teil – Heureka, ich habe
es gefunden   162
1. Vom Sein & nicht Sein   163
2. Vom Lügen   164
3. Vom Lieben   166
4. Kriminelle Handlungen   167
5. Sich selbst zuwiderhandeln   168
6. Kundalini-Erfahrung   171
7. Das Rauschen   174
8. Das Selbstporträt   176
9. Die Business-Lösung   178
10. Der Abgrund   180
11. Selbstgespräche   182
12. Affirmieren   184
13. Vertrauen   185

Einleitende Gedanken & Gefühle in den sechsten Teil – Heureka, ich habe es gefunden
Zwei Menschen...ein Schicksal

*A*uf den Seiten dieses wunderbaren sechsten Teiles des Weges zur Liebe widerspiegeln sich zwei Erzähler und ihr Erleben in und über die vergangenen 33 Jahre.

Es sind wundervolle Geschichten, mit Witz, Schalk, Humor und voller Einsicht und daraus resultierender Klarsicht.

Geschichten, welche das Leben und Erleben zweier Personen erzählen, welche, ob freiwillig oder voller Widerwille, nicht mitreden konnten bei der Entscheidung für Licht oder Dunkelheit.

Denn das Licht hat sie auserwählt, das Licht schickt ihnen solch klare und unmissverständliche Botschaften, dass sie, je länger sie sich auf dem Weg der Liebe bewegen, mit dem Leben spielen, wenn sie nicht achtsam sind.

Der Weg des Hermetikers zum Adepten kann als Gratwanderung bezeichnet werden, und je weiter man in sich geht, umso steiler und tiefer fallen die Wände zu beiden Seiten ab.

Die Veredelung des Geistes, das Erkennen des Egos, das in Austausch gehen mit eben jenem.
Das Konditionieren des Denkens, das Ablegen von Angst, das Auflösen von Schmerz und zu guter Letzt das Öffnen des Herzens.

Danke Dir, Du wunderbares Wesen, Du bist mit voller Liebe und Vertrauen bis hierhin gefolgt.
Vom Irrsinn durch den Wahnsinn, hindurch durch Zweifel, Angst, Kummer und Sorge.
Weiter zu Hoffnung und Erkennen, Begreifen und daraus extrahiertem Wollen.

Gezielte Absicht und fokussierter Gedanke und das Fenster des Denkens, strukturiert und aufgeräumt.
Du weisst von allem, wo es steht und wo es abgelegt und gespeichert ist, Du findest Dich blind im Haus des Denkens zurecht und bestimmst zu jeder Zeit und in jedem Moment, welche Elementale wohin fliessen.

Geniesse die folgenden Anekdoten und Geschichten, Danke, Du bist wunderbar!

Kapitel 1 - Vom Sein & nicht Sein
Verblendung & Klärung

*M*ein Erleben wie Deines & so unseres ist geprägt von Sein & Schein – von emotionaler Wahrnehmung und rationalen Antworten auf diese Wahrnehmungen & den Schlüssen, die wir daraus ziehen.
Die Gesellschaften, in denen wir leben, sind geprägt von Schein & Verblendung. Wir werden über Medien – Religion & Politik – von der Pharmaindustrie sowie dem Bildungs-System in unserer Entwicklung stark beeinträchtigt.

Die Welt hat einen riesigen Sprung gemacht – der Hype wurde im Jahr 2012 erreicht & keiner weiss, wohin er uns führt. Sicher ist, dass Themen wie freie Energie – Leben in Kommunen & als Einsiedler nicht nur in der Theorie Aufschwung erhalten haben – sondern ebenso in der Praxis.

Gemeinschaften meditieren für den Frieden & den Aufschwung – fürs Eins-Sein & so für das Erinnern an was wir sind & woher wir kamen.

Das Bewusstsein für ausserirdische Intelligenz & die Möglichkeit der Existenz von verschiedenen Spezies – die sich alle als Humanoide – als Menschen bezeichnen – entwickelt sich immer weiter & offener.

Gleichzeitig wird die Richtigkeit & Vollständigkeit der Vergangenheits-Wissenschaften immer wieder & meiner Meinung nach auch begründet in Frage gestellt.

Natürlich bergen diese Entwicklungen grosse Fragen und Unklarheiten & so auch direkt Angst – was direkt zu Ablehnung & Verneinung führt.
Denn die Angst vor dem Leben – wie in den Anfängen des Buches beschrieben – versucht uns IMMER vor Unbekanntem zu beschützen.
Obwohl wir niemals & in keiner Situation Schutz durch Angst brauchen – denn Angst macht wenn dann hysterisch – nervös – unsicher – fahrig & unüberlegt.

Was wir brauchen, um situationsgerechtes Verhalten zu erzeugen, ist klares Bewusstsein – welches gleichzusetzen ist mit neutralem – instinktivem Handeln.

Das Universum öffnet seine Tore zur Wiedervereinigung mit der Erde & ihrer Atmosphäre & so allem, was sie beherbergt & es ist an uns, sie in dieser Entwicklung nach unserem besten Wissen & Gewissen zu unterstützen.

Das Ego ist für viel mehr & Erstrebenswerteres verwendbar denn für den Eigennutz & den eigenen Vorteil – es besteht jederzeit & für jeden Menschen die Möglichkeit, das Ego – das innere Kind sowie alle Erlebnisse, welche wir machen auf unserem Weg – zu integrieren & gezielt um- & einzusetzen.

Denn & das ist die Wiederholung der Wiederholung – Alle Erfahrung, die Du machst – hast Du Dir ausgelesen – alles was Dir widerfährt ist – was Du Dir selbst bestellt & zurechtgelegt hast – seit jeher – für immer & in alle Ewigkeit & so JETZT.

Kapitel 2 - Vom Lügen
Handlung & Resultat - Aktion & Reaktion - Gesetz der Resonanz

Mit jungen 15 Jahren durfte ich herausfinden, was passiert, wenn ich lüge. Wir lebten in eher ärmlichen Verhältnissen, ich und meine Eltern.

Ich trug getragene Kleider von einem Bekannten, der drei Jahre älter war als ich. Ich hatte oft das Gefühl, mir fehle etwas – das Gefühl von Mangel – nicht weil meine Eltern nicht nach ihrem besten Wissen und Gewissen versuchten, meinen Bedürfnissen und Ansprüchen gerecht zu werden, sondern weil alle in der Schule und im Quartier immer halt alles hatten, was sie wollten und ich nicht.

Ich hatte meiner Mutter 20 sFr. aus der Haushaltskasse gestohlen, ging damit zum Grossisten im Quartier und kaufte mir ein paar Audio Kassetten und Süssigkeiten.
Ich genoss den folgenden Abend mit Musik hören, Blues- und Jazz-Kassetten hatte ich gekauft, und dazu verzehrte ich genussvoll die Süssigkeiten.

Am darauffolgenden Tag ging ich zur Schule, doch schon im Verlaufe des Vormittages bekam ich Fieber, mein Lehrer schickte mich nach Hause. Dort angekommen legte ich mich hin, mein Fieber stieg und stieg, bis gut 39 Grad Celsius.

Wie dann meine Mutter nach Hause kam, mir Essigsocken übergezogen und mich veranlasst hatte, mich warm anzuziehen und mich in die Bettwäsche einzuwickeln, mir Tee gekocht hatte und ich nun schwitzend und unter dem Fieber leidend in meinem Bett lag, da bemerkte ich wie meine Gedanken kreisten, rotierten und mein Kopf zu zerbersten drohte.

„Du hast gestohlen, Du hast Deine hart arbeitenden, sonst schon leidenden Eltern bestohlen, Du bist ein feiger und mieser Dieb, Du hast gestohlen."

Und gegen Mitternacht, als meine Mutter noch einmal nach mir schaute, nahm ich ihre Hand, blickte sie an und flüsterte: „Mutter ich habe euch bestohlen, ich habe mir Blues- und Jazz-Kassetten und Süssigkeiten gekauft. Es tut mir leid."

Sie lächelte mich gutmütig und liebevoll an und erwiderte: „Das schauen wir morgen an, schlaf jetzt ein und erhole Dich." Schnell fand ich dann in den Schlaf, schwarz war er und ich schlief tief und gut.

Wie ich am nächsten Morgen erwachte, war mein Fieber verschwunden.

Anfänglich hielt ich diese Begebenheit für einen Zufall, doch als sich diese Umstände immer wieder nach diesem Muster ereigneten, begriff ich.

Heureka. Ich darf nicht lügen und ich darf nicht stehlen, sonst werde ich umgehend krank.

Dieser Raum des Erfahrens sagt, sei Deinem Herzen treu und erkenne Deine ureigenen Gesetzmässigkeiten

Kapitel 3 - Vom Lieben
Jahrelange Exzesse und Versuche

Die Liebe und ihre Wesenheit trieb mich über Jahre an, um und umher. Die Frage nach dem Wesen der Liebe, ihrer Herkunft und ihres Seins. Sie zermarterten mein Denken und Sein und liessen mich selbst und meine Seele wie mein Herz über lange Zeit vergessen und vernachlässigen.
Viele wunderbare weibliche Geschöpfe begleiteten mich auf diesem Weg, stellten sich mir aufopferungsbereit und voller Hingabe zur Verfügung, damit ich zu guter Letzt begreifen durfte, dass die Liebe eine Wahrnehmung, ein Zustand und kein Band zwischen dem männlichen und weiblichen Prinzip ist, sondern auf diese Verbindung bezogen eine allgegenwärtige Begleiterin.

Wut, Zorn, Hass, Scham, Einsamkeit, Höhenflüge und zu tiefst schmerzhafte Stürze und Prozesse begleiteten mich unentwegt über die Jahre.

Ich suchte und suchte, studierte Verhalten und Formalitäten, Benehmen und Vorgehen, Eigenschaften und Begebenheiten der beiden Geschlechter, doch ich fand nichts, das auf Dauer als Prinzip Befriedigung und Glück für beide Parteien mit sich brachte.

Die leichteste und gleichzeitig härteste Lehre im Umgang mit der Liebe passierte, als ich mich voller Elan und aus innerster Sicherheit heraus entschied zu heiraten.

Ich hatte eine unvergleichlich schöne und einzigartige Hochzeit, eine reine, unschuldige und wunderschöne Elfe hatte ich an mich gebunden.
Wir erlebten Moment für Moment, zeitlos und im Glück.
Doch die Zeit und der Raum nagten an uns, an uns und unserem Glück.
Das Ego schlich sich ein und aus gemeinsamem spirituellem Wachstum wurde spirituelles Wachstum für Einzelindividuen.

Die Wege trennten sich unbemerkt, doch unaufhaltsam entwickelten sie sich zu getrennten Pfaden und später weit voneinander entfernten Strassen, welche in völlig verschiedene Realitäten führten.

Wir verloren den Zugang zueinander und unsere Wesenheiten begannen einander abzustossen.

Klar wie ein Blick durch ein Zeiss-Fernglas war mir, was passierte, ich wiederholte die Familientradition der Generation der Eltern und mein inneres Kind begann um sich zu schlagen.

Allem Glauben zum Trotz durfte ich erkennen, ich habe Themen ignoriert und zu wenig genau hingesehen.

Die Trennung verlief friedvoll und in gegenseitiger Achtung, es war eine sehr bereichernde und wichtige Erfahrung. Ich durfte viel erkennen und annehmen, vergeben und aufgeben, neu formulieren und renovieren, ich durfte aus dem Widerstand treten.

Und dann eines Tages, völlig unverhofft und überraschend begriff ich, Heureka, die Liebe ist eine Energieform, allgegenwärtig und wunderbar, selbstlos und flüchtig. Sie zu binden galt es. Ihre Elementale hatte ich jahrelang studiert und analysiert.

Und der Anfang ist das Öffnen des Herzens, das Ablegen des Egos und die Selbstliebe. Klarheit und Wahrheit zu jeder Zeit und unter allen Umständen sind die Schlüssel zum gemeinsamen Glück.

...Wie wunderbar, wie einzigartig und schön...

Dieser Raum des Erfahrens sagt, liebe Dich selbst und Du wirst Liebe erfahren

Kapitel 4 - Kriminelle Handlungen
Aktion und Reaktion - Gesetz der Resonanz

*E*s war ein wunderschöner Nachmittag, Spätsommer oder Herbstbeginn, irgendwo da war das Geschehen platziert.

Ich hatte eine spannende und aufregende Pfadi-Übung, einen Nachmittag mit meinen besten Freunden und Kollegen hinter mir.

Wie immer trug ich an meinem Gurt ein Messer, zum Schnitzen, Schneiden, Brauchen und Arbeiten im Wald mit Schnur oder Sonstigem.

Ich und mein bester Freund waren schon ganz aufgeregt, denn wir hatten getrocknetes Marihuana bei uns, wir planten, uns unseren ersten Joint zu drehen, das erste Mal zu kiffen.

Wir waren beide ganz hibbelig und nervös, ungehalten und übermütig. Ich steckte mir mein Messer in die linke Hosentasche und wir fuhren gemeinsam mit dem Bus vom Stadtrand in die Stadt. Dort trafen wir uns mit Freunden zu einem Bier und genossen in der Gartenwirtschaft den wunderbaren Abend.

Wie es einzudunkeln begann, suchten wir uns einen geschützten Platz um unser Abenteuer zu starten. Wir setzten uns auf einen grossen Parkplatz zwischen zwei Autos und begannen alles vorzubereiten.
Ein richtiges Ritual veranstalteten wir. Papes, Filterrollen, Tabak vorbereiten, Marihuana Blüten zerreiben. Wir waren beide schon ein wenig angetrunken und hatten keinen Plan, wie wir diesen ersten Joint denn genau herstellen sollten, sprich, das Rollen des Joints war uns beiden ein Novum.

Also verbrachten wir entsprechend viel Zeit mit säuberlichem und gemächlichem Vorbereiten. Und plötzlich, wie aus dem Nichts hervorgeschossen, glühten, brannten und blendeten uns zwei Scheinwerfer in die Augen.

Zuerst war nichts zu erkennen, doch dann, und wir beide erstarrten zu Eis, Angst, Panik, Scham, Wut, alles kam auf einmal über uns: „Scheisse, das sind die Bullen!" Mehr konnten wir uns nicht mehr sagen, denn die Polizisten stiegen aus und filzten uns ohne Vorwarnung mal gründlich durch. Mein Freund konnte gehen, doch ich, bewaffnet und mit einem „Minigrip" voller Gras, sehr verdächtig.

Und so kam es, dass ich einen Eintrag im Strafregister erhielt, Grund: bewaffnete Person, die mit illegalen Drogen handelt. Wow, dies war mein erster Kontakt mit Marihuana sowie der Polizei. Das war unfassbar, schwer zu begreifen und doch so klar.

Heureka, du darfst keine kriminellen Handlungen tun. Klar folgten auf dieses Ereignis über die kommenden Jahre noch vereinzelte, immer wieder ähnlich und mit demselben Verlauf und Ausgang.

Dieser Raum des Erfahrens sagt, sei Deinem Herzen treu und erkenne Deine ureigenen Gesetzmässigkeiten

Kapitel 5 - Sich selbst zuwiderhandeln
Körperliche Reaktionen

Seit meiner Geburt war mein Alltag begleitet von Krankheit und Unfällen. Chronische Mittelohrentzündungen hatten mein linkes Gehör beinahe zerstört.

Abgelöst wurden diese, als ich etwa 15 Jahre alt war, von chronischer Stirnhöhlenentzündung. Diese wiederum fand zu einem Ende, als sie sich in chronische Angina transformierte. Ich war es gewohnt, dass mein Fieber die 39 Grad Celsius Marke regelmässig überschritt.

Von 6 bis 9 wurde ich zusätzlich von Heu- und Gras-Allergien befallen und musste das Fussballspielen aufgeben. Wie ich dann den Fussball aufgab, verschwanden diese Allergien wieder. Von Kindheit an war ich allergisch auf Bienenstiche, und von denen hatte ich immer wieder welche. Mein Schulanfang mit sieben Jahren wurde verzögert, da ich mit einer Kleinhirnentzündung im Spital lag für drei Wochen.

Meine Unfälle steigerten sich gegen mein 25. Lebensjahr hin bis zur Unerträglichkeit. Ich hatte innerhalb von drei Jahren vier beinahe tödliche Vorfälle, auch wenn ich sie ohne Folgeschäden überstand, waren sie sehr eindrucksvoll und lösten viel in mir aus. Es waren zwei Motorrad-Unfälle, ein Snowboard-Unfall und ein Abend, an dem ich von sechs Personen verprügelt wurde und knapp an einem Schädelbruch vorbeikam.

Aufgewachsen bin ich als Einzelkind. Ich bin der Sohn eines ausgezeichneten Handwerkers sowie einer fleissigen & auf ihrem Fachgebiet mittlerweile sehr etablierten Archäologin. Meine Kindheit war zur einen Seite geprägt durch die frühe Trennung (mit 1 ½ Jahren) von meinem leiblichen Vater – und zur anderen Seite vom Alkoholismus und manchmal Gewalt seitens des Stiefvaters (1 ½ - 19 Jahre) sowie der psychischen Instabilität der Mutter (schizophrene bzw. psychotische Schübe). Da meine Mutter studierte & mein Stiefvater sich selbstständig machte während meiner frühen Kindheit, waren die Mittel unserer kleinen Familie eher beschränkt.

Liebe Mutter & Liebe Väter – wenn Ihr diese Zeilen lest – dann wisst – ich liebe euch – an euch bin ich gewachsen – durch euch bin ich geworden & Ihr habt mir das Wunder des Lebens, welches ich erlebe ermöglicht – Danke.

Das Aufführen dieser Bausteine meines Erlebens ist an dieser Stelle von zentraler Bedeutung – Du erinnerst Dich bestimmt an das Modell, welches das Erkennen & Begreifen sowie das dadurch ermöglichte Überwinden von Begebenheiten aufführt. Nun, durch meine Mutter erhielt ich die Fähigkeit, meinen Geist zu überwinden & durch meinen Stiefvater diejenige, welche es mir ermöglichte, den Körper zu überwinden & so bedingungslos zu lieben.

Jede Erfahrung, die WIR machen, ist das Resultat unseres Seelenplans – ist Baustein unserer Persönlichkeit.

Somit ging ich schon sehr früh, sprich mit 15 Jahren, in die Welt meines Selbst und meines Seins hinein und begann sie intensiv, exzessiv und teils ahnungslos und hilflos zu durchforschen, zu analysieren und kennenzulernen.

Ich war Legastheniker in der Schule, Bettnässer, Schlafwandler und hatte dermassen körperliche Reaktionen, zusammenhängend mit Prüfungs- sprich Versagensangst, dass ich eine eigene Schulbank brauchte für das Schreiben von Prüfungen in der Oberstufe. Meine Beine zitterten dermassen stark, dass der Tisch rüttelte und zitterte, wenn ich Prüfungen schrieb.

Heute schreibe ich hier und jetzt ein Buch, programmiere erfolgreich mein Unterbewusstsein um, liebe mich selber, bin stolz auf mein unendliches Potenzial und setze dieses erfolgreich um.

Ich habe keine Allergien mehr, bin nur noch sehr selten krank, habe eine gute, gesunde und rollengerechte Beziehung zu meinen Eltern und freue mich ab all den unbegrenzten Möglichkeiten, die das Leben bietet, Danke.

Wir erzeugen unsere Realität entsprechend der Frequenz und dadurch erzeugte Schwingung / energetisches Feld, das wir aussenden.

Ich wurde ab neun Jahren regelmäßig verprügelt, verfolgt bis vor meine Haustür und verspottet, verhöhnt und ausgelacht. Ab 16 Jahren wurde ich an den Wochenenden regelmässig angemacht und verprügelt, bis zu meinem 21. Lebensjahr.

Ich nahm dies hin und an, schlug nicht zurück, sondern empfahl meinen Begegnungen, mir bitte auch noch auf die andere Gesichtshälfte zu schlagen, dem Sinnbild Jesus entsprechend. Diese Zeit half mir sehr, zu meinem inneren Potenzial zu stehen, es in Liebe und Freude zu vertreten, meine tiefe Liebe und Verbundenheit zu allem, was da ist.

Dieser Raum war mein Glaskäfig, den ich mir errichtet hatte, um mich abzugrenzen, er wurde gestützt durch Schmerz, Verzweiflung, Unterwerfung und Hilflosigkeit

Sie wurde abgelöst von einer neuen Begebenheit, ich wurde immer wieder mit Situationen konfrontiert, in denen wunderbare Wesen in Bedrängung gerieten, unterdrückt und misshandelt wurden. Diese Phase begleitete mich hinein in mein 28. Lebensjahr.

Dieser Raum stand als Sinnbild für Unterdrückung und nicht gehört werden

Die Krankheiten wurden verursacht durch die Umstände innerhalb und mit welchen ich lebte, und wie ich in der Lage war, diese zu verändern und sie mir selber auszusuchen, wie ich dies in Angriff nahm, fingen sie sich an zu wandeln, seltener zu werden, bis sie heute in diesem Zusammenhang (Leiden / Mangel / Unterdrückung) verschwunden sind.

Die Unfälle mit Velo, Inline-Skates, Motorrad, Auto, Snowboard, beim Joggen, beim sonstigen Sport, sie alle standen im Zusammenhang mit der Entscheidung, mich selbst zu verleugnen, um mich der gesellschaftlichen Erwartung entsprechend zu verhalten.

Ich verwarf alle meine Ideale und Werte, meine Talente und Anlagen und handelte ihnen jahrelang zuwider.

Heute entspreche ich mir, höre in mich hinein und beschreite den Weg des Adepten, habe die Fähigkeit begriffen, dass alles was ist, einfach ist.
Dass weder Angst, Sicherheit, Zweifel, Vorsicht oder Mangel existieren, dass alles Energie und Schwingung und dadurch Frequenz ist.

Das Leben ist Erleben, wir alle sind pures und unendliches Potenzial, Realitäten existieren gleichzeitig und sind das Resultat unserer Imagination.
In welcher, dieser durch unser Denken erzeugten Realitäten wir gerade leben, hängt ab vom innersten und zuunterst angesiedelten Programm.
Programme wie Reichtum, Sorgenfreiheit, Glück, Mangel, Unterdrückung, Gelingen, Liebe, Angst, Vertrauen, Misstrauen...

Love life and live love, go for it, Du bist einzigartig, Du bist wunderbar, perfekt und frei von Einschränkung und Mangel.

Dieser Raum des Erfahrens sagt, sei Deinem Herzen treu und erkenne Deine ureigenen Bedürfnisse, stehe für Dich ein

Kapitel 6 - Kundalini-Erfahrung
Das fokussierte und bewusste Abschliessen und Verlassen eines Raumes

Die erste Begegnung mit der Kundalini-Energie hatte ich mit 22 Jahren.
Ich plante mit meiner ersten grossen Liebe nach London zu verreisen für ein knappes Jahr.

Sie würde da eine renommierte Tanzschule besuchen und ich Englisch lernen.

Ich war gerade am Telefon und drauf und dran, uns eine Wohnung zu organisieren.
Per Mail war alles vorbesprochen und man hatte mir provisorisch schon zugesagt. Ich war einerseits stolz auf mich, dass ich aus der Schweiz eine Bleibe in diesem fremden Land hatte organisieren können und andererseits sehr froh um das Wissen, dass wir einen Ort hatten wo wir, zumindest fürs Erste, wohnen konnten.

Doch dann die Ernüchterung, nach langem Hin und Her die Antwort, die Zimmer seien leider anderweitig vergeben worden.
Mir blieb die Luft weg, ich verabschiedete mich in gebrochenem Englisch und knallte den Hörer auf die Gabel (ja, da gab es noch keine Smartphones). Und fühlte, wie ich förmlich zu explodieren drohte.
Es begann in mir zu kochen, zu brodeln und zu rumoren.

Ich musste aus dem Haus, ich wollte nichts zerstören, ich musste raus, ich verspürte den Drang zu laufen, ich brauchte frische Luft und den Wind, der mir durch mein Gesicht zog.

Und so lief ich los, ich lief und lief, rannte wie ein verrückter über Felder und Wiesen, und lief und lief.

Nach gut zwanzig Minuten, völlig ausser Atem, kam ich unter eine Brücke, neben dem Kiesweg plätscherte ein Bächlein vor sich hin.
Es war ein wunderbarer Anblick.

Ich hatte die Eingebung hier und jetzt zu meditieren, ich wollte mich aber nicht hinsetzen. Ich stellte mich im tiefen Kniestand (Grundstellung Shaolin) hin und schloss meine Augen, und ich liess meine Arme zirkulieren und sich frei bewegen.
Ich liess meine Atmung und den ganzen Körper sich dem Rhythmus der Stille und Wunderbarkeit der Natur, der Mutter die mich hier umgab, hingeben und darin aufgehen.

Nach kurzen Momenten, welche mir ewig und unendlich vorkamen, konnte ich mich von aussen betrachten.
Es war einzigartig und unvergleichlich schön, es war so beruhigend, so sanft, so klar, so wahr und so natürlich.

Für eine gute Woche war alles genau so, klar, schön, beruhigend, sanft, wahr und natürlich. Mein Denken war wie befreit und ich konnte mir alles über das dritte

Auge ablaufen lassen und abrufen, was und wann ich wollte, das war wunderschön, Danke.

Im Jahre 2008 dann, ereignete sich nach Monaten von regelmässigem Fokussieren und prozessorientiertem, bewusstem Begegnen und Erleben eine wundersame Begebenheit.
Sie war unbeschreiblich und in reinstem Masse erleuchtend und befreiend.

Ich ging nach ungefähr 40 Minuten der Meditation in die Erde hinein, fand mich in einem grossen und wunderschönen Reich von Höhlen, Sälen, Gängen und unterirdischen Tempeln wieder.

Ich flog langsam und doch unendlich schnell, klar, neutral und offen in dieser Welt auf und in sie hinein.

Bis ich mich in einem Kanal des Lichts befand, plötzlich und wundersam war der Wechsel.

Ich stand zeitlose Momente zuvor in einem Raum mit fünf Türen, und wie ich mich entschloss, die eine davon zu betreten (Alice im Wunderland / Verfilmung mit Jonny Depp / zeigt diesen Raum sehr schön auf), betrat ich das Licht.

Zuerst regten sich Widerstände in mir und Elementale der Angst brachten das Licht zum Flackern und mich zum Stehen.
Doch intuitiv und voller Liebe und Vertrauen konnte ich die Umwelt stabilisieren und wurde ins Licht hineingezogen.

Darauf konnte ich jede Zelle meines Körpers vibrieren fühlen, es ist beschreibbar wie das Summen eines Bienenstocks oder das Krabbeln in einem Ameisenhaufen, aber Du bist der Bienenstock, und Du bist der Ameisenhaufen.
Darauf folgten 14 Tage, die ich in voller Liebe zu allem was ist, in reiner Freude und absoluter Widerstandslosigkeit verbringen und erleben durfte.

Danke, es war unbeschreiblich, ich wurde neu geboren.

Seit da erlebe ich neue Aufgabenfelder, heile Menschen und stehe in meinem Zentrum, in meinem Ich bin.

Natürlich bin ich mittlerweile wieder voll in der Ebene der Dichte angekommen. Ich bin im nächsten Raum angekommen, ich höre, sehe, spüre und fühle Neues und Unbekanntes, gehe in Kontakt und Austausch und erfreue mich dieses wunderbaren Raumes, der Realität, in die ich mich geschwungen habe.

Wir alle sind heilig, wir alle sind Reisende, der Weg ist das Ziel, und wir sind der Steuermann unserer Seele.

_Dieser Raum des Erfahrens sagt, schön warst Du hier, Danke _

Als nächstes folgen wunderbare Heureka-Geschichten aus dem Erleben von wunderbaren Menschen ,welche diese selbstlos und voller Freude und Liebe für dieses Buch zur Verfügung gestellt haben. Da es nicht meine Geschichten sind, schreibe ich ihnen auch keinen Raum zu. Ich bitte Dich, benenne sie und reflektiere Dich und Dein wunderbares und einzigartiges Erleben und seine Räume.

Geschichten voller Liebe und Information, Gefühl und Motion

...Geniesse sie...

Kapitel 7 - Das Rauschen
Absicht und Antwort

Εr hatte keine Ahnung, woher das Geld kommen sollte.
Die Verzweiflung war so gross, dass sein Gehirn zu streiken anfing.
Der starre, leere Blick ins Nichts nahm die gesamte Stunde ein und die Zeiger der Uhr hämmerten die Nägel in sein Gewissen.
Er hatte doch schon alles verkauft und alle, die er kannte, um eine finanzielle Stütze gebeten.
Du bist nichts wert... Du hast versagt... Wie geht es jetzt weiter?.. Wie willst du deine Familie ernähren?... Was sollen bloss die Leute von dir denken?... Du bist schon so alt und hast deine Unabhängigkeit noch nicht erreicht... Andere haben in deinem Alter schon eine eigene Firma... hörte er ununterbrochen. Wie eine kaputte Schallplatte wiederholte es sich.
Er suchte verzweifelt nach einer Lösung, doch sein Hirn hatte nur Sorgen anzubieten.

Er dachte sich: „Naja... zu verlieren habe ich ja nichts mehr und ein Versager bin ich ja sowieso schon." Und fügte noch hinzu: „So viel Geld für Selbsthilfebücher und Workshops und Seminare, die mir weiss ich nicht was versprochen haben... Klar funktioniert es für DIE! Sie haben ja auch die Leidenden, die ihre Workshops besuchen und ihre Bücher kaufen. Natürlich funktioniert die Anziehungskraft bei ihnen. Die beuten ja auch die aus, die Hilfe suchen und an denen wird es nie feh-

len!" Sein Blick wandte sich wieder der Leere zu. Das Hämmern hatte aufgehört und der Hals fing an zu schmerzen. So als würde ihm jemand die Luft zudrücken. Er kannte dieses Gefühl. Er hatte es jedoch schon lange nicht mehr gefühlt. Er war sich sicher... er würde gleich anfangen zu weinen.
Seine Faust wurde schwer... Sein Gewissen noch schwerer. Wie ein Stein, der ins Wasser fällt, sank sein Kopf und seine Atmung blieb für einen Moment aus.
Die Situation ähnelte den Nahtoderfahrungen, von denen er schon so viel gelesen hatte.

Sein ganzes Leben lief vor seinem inneren Auge ab und er blickte in die Gesichter seiner enttäuschten Kinder und seiner deprimierten Frau. Die Zeit lief so schnell, dass er die Tage nicht mehr auseinanderhalten konnte.
Doch plötzlich wurde es still... Die Sendung war vorbei. Alles was blieb war das Rauschen des Senders.
Kein Programm, kein Talkmaster, keine Reality-Show... Nur Stille.

Wo vorher Verzweiflung herrschte, war jetzt Raum. Wo Sorgen ihren Platz fanden, begannen Farben zu erscheinen. Farben, die langsam Formen bildeten. Zuerst konnte er sie nicht erkennen oder zuordnen. Doch je länger er in diesem Zustand verweilte, desto klarer wurden die Bilder. Er sah lachende Gesichter, tobende Kinder, eine wunderschöne Frau, die ihn anlächelte, ein Hund, der die Katze auf eine liebevolle Art plagte und sorglos seine Schnauze einsetzte... Alles war ruhig und harmonisch. Alles war ihm fremd.

Er kannte diese Gestalten, jedoch hatte er sie noch nie so fröhlich erlebt.
Es waren seine Kinder, seine Frau, sein Hund und seine Katze.

Warum waren sie nur so fröhlich? Alle wussten um die Sorgen, die ihn plagten. Klar... dem Hund und der Katze waren seine Sorgen egal. Solang sie was zu Fressen hatten, war alles gut. Doch die Kinder und seine Frau... wie konnten sie so fröhlich sein? War er vielleicht gestorben? Hatte seine Frau einen neuen Partner gefunden? Hatte sie vielleicht gar nicht ihn so liebevoll angesehen?
Seine Verwirrung war gross. „Ich muss gestorben sein," dachte er sich. Er suchte nach einer Erklärung.

Gerade als er sich mit dem Gedanken gestorben zu sein anzufreunden anfing, hörte er eine sanfte Stimme: „Papa...?" Die Stimme war weit weg und er nahm die Stimme nur als Flüstern wahr. „Papa... ist alles in Ordnung mit dir oder machst du wieder einmal diese Oooom Sache?" Die Stimme schien sich über seinen Zustand lustig zu machen, jedoch nicht im bösen Sinne.

Er öffnete die Augen und blickte in ein strahlendes, unsicher lächelndes Gesicht, das voller Liebe, Fürsorge, kindlicher Angst und Erwartung war.
„Nein, mir geht es gut... Mir geht es gut... Alles ist gut... Alles ist wirklich gut! Ich habe dich vermisst mein Schatz!", sagte er nach Fragen suchend, denn alle Antworten waren da.

Alles war da. Er hatte einfach aufgehört hinzuschauen. Die Kinder lachten stets sorgenfrei, seine Frau liebte ihn und ihre Blicke waren nach wie vor voller Intensität und Wärme.

Soviel Zeit hatte er in Sorge verbracht und nicht bemerkt, dass er stehen geblieben war. Wo Handeln doch so nötig gewesen wäre, war er stehen geblieben. Er hatte das Universum um Liebe, Frohsinn und Glück gebeten. Doch das hatte er alles schon... Er hatte aufgehört hinzuschauen.

!Heureka!
Der Rest ist Geschichte

Kapitel 8 - Das Selbstporträt
Not, Leiden und Erkenntnis

Ann stand in der Küche und bereitete das Abendessen für ihre zwei Mädchen und ihren gewalttätigen Mann zu. Eigentlich hatte sie gar keine Lust, in dieser Küche etwas zu kochen, denn ihr Mann hatte ständig was auszusetzen. Die Nudeln waren zu salzig, das Fleisch noch nicht gar und, und, und... doch schlang er das Essen jedes Mal hinunter, das Ann so liebevoll zubereitet hatte... Niemals würde sie in dieser Küche stehen und für diesen undankbaren Mann das Essen vorbereiten, wenn ihre Kinder nicht wären...

Sie hatten nicht viel Geld. Es reichte nicht einmal für die überteuerte Miete, die ihr Mann sowieso nicht bezahlte. Er verschwendete das Geld lieber in einem Casino oder investierte es in oder für andere. Wie oft ging Ann schon zum Bankautomaten, weil im Kühlschrank wieder einmal Ebbe herrschte.. und wie oft schon quälte der Automat sie mit dem Satz „Transaktion nicht möglich". Sie hatte es so satt, das Leben, der ganze Inhalt war so leer...

Das schlechte Gewissen gegenüber ihren Kindern konnte sie nicht verbergen, die Tatsache, dass auch sie ein Versager war und es im Leben für und mit ihren Kindern nie zu etwas bringen würde, wurde ihr wieder einmal klar. Die Trauer und das dazugehörende Selbstmitleid schnürten Ann die Luftzufuhr zum Gehirn ab. Sie setzte sich auf den wackeligen Holzstuhl, der in der Küche stand und kniff die Augen zusammen...

Was für ein Elend du doch bist, du bist zu nichts zu gebrauchen.

Die lieblosen und farblosen Gestalten vor ihren inneren Augen fingen wieder an aufzuflackern. Sie liessen sie wissen, dass es wieder einmal soweit war... gleich würden die Schmerzen in ihrem Kopf wieder anfangen gegen ihren Schädel zu hämmern und mit jedem dumpfen Schlag wurde ihr bewusster, dass sie etwas ändern musste... doch wie? Sie war gefangen in einem nimmer endenden Kreislauf, es war ein stetiges Auf und Ab...

Ann liess sich wieder einmal auf die unangenehmen Folgen der Selbstkasteiung ein und liess sich von dem Strudel der Verzweiflung mitreissen...

Sie war nicht weit entfernt, sie war da... und liess sich in dem Sumpf treiben... zum ersten Mal liess Ann es einfach geschehen... fast schwerelos trieb sie in der dunkelsten Ecke ihres Gehirnes umher... ein merkwürdiges Summen erklang und mit dem Schall fing Anns Körper wie von selbst an zu vibrieren. Merkwürdige Farbfetzen schwirrten umher und tanzten rhythmisch in der Dunkelheit ihrer selbst... Ann wurde mit jedem Atemzug bewusster, dass dies nicht der Anfang einer schweren Psychose war, sondern dass ihr Geist, zum ersten Mal, erfolgreich mit ihr zu interagieren versuchte. Sie nahm es an, ohne nachzudenken, ohne Zweifel und ohne Vorurteile. Sie öffnete sich für das schwerelose Gefühl und nahm es an.

Goldenes Licht erstrahlte in der Ferne und kam sanft auf Ann zu. Das Vibrieren ihres Körpers steigerte sich mit dem Näherkommen des Lichtes... unmittelbar vor ihr angekommen, fühlte Ann den leicht kribbelnden, ja fast elektrisierenden Goldregen auf und unter ihrer Haut...
Ann kniff die Augen zusammen und durchdrang vorsichtig den goldenen Schleier... Ann stand auf einer saftig grünen Wiese inmitten eines steinernen Kreises. Der warme Wind schmeichelte und umsorgte sie, wie es nur die Gabe einer liebenden Mutter tun konnte.

Drei Gestalten kamen fröhlich auf Ann zugelaufen... Ann erkannte, dass sie es war, die mit ihren Kindern fröhlich durch die Wiese auf sie zukamen... Ann fragte sich, wie das möglich sei, da sie ja hier stand und sie war sich sicher, dass ihre Kinder im Zimmer spielten... doch sie liess den Gedanken wieder fallen. Es fühlte sich alles so richtig an. Die beiden Mädchen, ihre Mädchen, nahmen Ann an der

Hand und führten sie zu ihrer Mutter... zu ihr... die strahlend wie eine Göttin auf der Wiese stand und ihr sanft zulächelte... Es war, als ob Ann vor einem Spiegel stünde und sich selbst betrachtete, doch trotz der verblüffenden Ähnlichkeit war etwas ganz anders.

Diese Ann war glücklich und frei, nicht so belastet von den alltäglichen Streitereien und dem farblosen Leben wie sie es hatte und kannte... der Spiegel hob die Hand, als wollte sie Anns Gedanken abfangen und wieder lächelte sie Ann sanft an... Ann liess die Anspannung, die sich wieder in ihren Körper zu schleichen versuchte, fallen... Ann erkannte, dass ihr Bewusstsein sie nicht im Stich gelassen hatte und dass sie sich die ganze Zeit selbst im Weg gestanden hatte... Der Spiegel nickte ihr zu und verschwand wie durch einen Zauber mit den Mädchen. Ann stand noch einige Zeit auf der Wiese inmitten des Steinkreises. Sie fühlte sich so lebendig wie schon lange nicht mehr, doch sie wusste, dass sie zurück musste um ihr Leben neu zu ordnen... Sie hatte den Schlüssel...

Selbstsicherheit, Mut und bedingungslose Liebe waren wohl die stärksten Emotionen, die Ann sofort in Beschlag nahmen und sie aufatmen liessen.

!Heureka!

Kapitel 9 – Die Business-Lösung
Absicht und Entsprechung

Schon lange hatte Martin sich selbstständig gemacht. Er war ein Enterpreneur wie er im Buche steht. Schon immer hatte er die Autorität der Bosse gemieden und „selbst ist der Mann" war schon immer sein Motto gewesen.
Er arbeitete hart und diszipliniert. Morgens aufstehen, mit dem Hund Gassi gehen, zur Arbeit fahren, mittags schnell nach Hause um den Hund nochmals Gassi zu führen, zurück zur Arbeit, härter arbeiten als am Morgen, nach der Arbeit nach Hause, mit dem Hund erneut raus, für den Hund kochen (ja, für den Hund kochen), schnell duschen, etwas essen und danach ging's vor die Glotze bis es Zeit war ins Bett zu gehen, um morgens wieder aufzustehen und den Ablauf zu wiederholen.
Ab und zu gesellten sich Freunde zu Martin, um ein bisschen zu zocken, jedoch war das eher selten der Fall.
Seine Highlights waren die Wochenenden oder besser gesagt der Samstagabend, denn freitags ging er nie raus, da er ja eventuell am Samstagmorgen wieder schnell ins Geschäft musste.

Die Ferien waren natürlich auch nicht ohne. Das ganze Jahr arbeitete Martin stets hart um seine jeweils ein- bis zweiwöchigen Ferien zu finanzieren, die sowieso so schnell vorbei waren, dass Martin sich von den Ferien fast erholen musste. Er versuchte, alle verpassten Lebensfreuden in diesen paar Tagen zu kompensieren, was wiederum zu stressigen Ferien führte. Alles musste angeschaut, der Strand ausgenutzt und die Leckerbissen des Landes entdeckt werden. Seine Partnerin bewunderte seine Disziplin und war dankbar über das viele Geld, das Martin nach Hause brachte, doch etwas fehlte. Es war nicht der Antrag, denn sie hatte ihn schon bekommen. Einen fetten Klunker gab's auch dazu. Das Strahlen in ihren Augen war jedoch verschwunden. „Klar doch, nach so einer langen Beziehung ist es doch verständlich", würde jeder sagen. Doch Martins Augen waren auch erloschen. Seine Einstellung „mit Geld kann man alles kaufen" hatte ihre Glaubhaftigkeit verloren.

Er fragte sich, warum sein Freund immer gut gelaunt war. Der hatte doch nie Geld, hatte Schulden, nicht das neueste Auto und seine Vorstellung von Arbeit liess zu wünschen übrig.
Doch immer wenn sein Freund zu Besuch war, strahlte er. Er war nicht zwangsläufig fröhlich oder irgendwie aufgedreht. Nein... Sein Freund hatte eine gewisse Ausstrahlung, die seine Partnerin immer zum Lachen brachte. Er wusste, dass seine Partnerin grossen Spass hatte und immerzu lachen musste, wenn sein Freund seine Sprüche klopfte.
Auch fragte sie ihn mal: „Sag mal... wie machst du das?" oder „Hey, ich habe Kopfschmerzen... du machst doch so was, das die Schmerzen verschwinden lässt?"

Martin tat seine Eifersucht immer mit einem „Das ist doch Humbug!" oder „ Hast du heute auch schon gearbeitet?" oder auch „Findest du nicht, dass du auch mal einen Job haben sollst?" ab!
Sein Freund fand es seltsam, dass dieses Pärchen so unglücklich und unzufrieden war. „Sie wollen doch demnächst heiraten und müssten sich doch freuen", dachte er sich. „Genügend Geld haben sie auch, eine schöne Wohnung und sind gesund."

Es war für Martins Freund unverständlich. Er spürte Martins Eifersucht, jedoch wusste er, dass Martin es nicht mit böser Absicht tat, sondern das war einfach eine seiner Schwächen. Für Martins Freund war Martin eine Art Vorbild, denn Martin hatte ein geregeltes Leben, eine Partnerin, Traumautos, eine eigene Firma und eine Märchenwohnung. Alles was Martins Freund in seinem eigenen Leben als Defizit betrachtete.

Eines Abends griff Martin verzweifelt zum Telefon und wählte die Nummer seines Freundes. „Hallo... ich bin's... ähm... du, wie soll ich dir das sagen... mein Vater hat Krebs. Kannst du was dagegen tun und uns helfen?" Noch bevor sein Freund antworten konnte, fuhr er fort: „Er wird dich auch bezahlen."

Martins Freund war verdutzt... er konnte die Welt nicht mehr verstehen...

!Heureka!

Kapitel 10 - Der Abgrund
Wille und klarer Gedanke

Schon seit über 3 Jahren quälten John die Gedanken. Er hätte gehen sollen, als er es seiner damaligen Partnerin angedroht hatte. Doch wie sollte er gehen? Nach all dem, was sie und ihre Familie für ihn getan hatten. Er befand sich in einer ausweglosen Situation.
Er war geblieben, als sie „Geh jetzt!" sagte und jetzt, als er gehen wollte, sagte sie: „Bitte, bleib."
Ach wie viele Angebote hatte er in den letzten paar Monaten abgeschlagen. Ein Job in New York, ein Vertrag in Asien und von all den Avancen der Frauenwelt nicht zu sprechen. Auch auf den Social Networks hatte er sich nicht wirklich aus der Tür getraut, da ja alles kontrolliert wurde.
Doch seine Treue, oder besser sein schlechtes Gewissen, schworen seiner Beziehung ewige Treue. Wie konnte er sie zu diesem Zeitpunkt auch nur verlassen... Sie war krank. Die Diagnose war zerschmetternd.
Langsam hatte sich John an seinen Alltag gewöhnt und auch sein Verstand hatte er mittlerweile überzeugen können, dass sie die Frau war, die er liebte.

Natürlich liebte er sie. Jedoch war seine Liebe mutiert. Es war eine Liebe zwischen langjährigen Freunden. Eine Liebe, die auf Verständnis, Gewohnheit und Bequemlichkeit basierte.
Er versuchte schon seit Jahren, seine Selbstständigkeit zum Florieren zu bringen, doch alle seine Versuche waren zum Scheitern verurteilt. John wusste das. Der Gedanke, für irgend so einen chauvinistischen Arsch seinen Allerwertesten aufzureissen, nur damit der Andere Geld machen konnte... nein... das war nicht sein Stil. Und John liebte, was er aufzubauen versuchte. Es erfüllte ihn mit Freude und Tatendrang.
Lange hatte John die Freude des Helfens nicht mehr erlebt, da die Kunden ihm ausblieben.

Kurz vor Neujahr ging seine Partnerin auf eine Reise nach Rom. Die Bemühungen der Helfer hatten den Gesundheitszustand seiner Partnerin soweit verbessert gehabt, dass sie sogar wieder zu studieren anfing. John war natürlich auch nicht untätig gewesen und hatte seinen Beitrag geleistet.

Die Zeit, die seine Partnerin in Rom verbrachte, nutzte John um zu meditieren, spazieren und über die Beziehung zu sinnieren.

Als das Telefon klingelte, zuckte Johns Körper zusammen, als wüsste sein Innerstes, wer am anderen Ende war. Es war kein normales Klingeln. Es war penetrant und grell. John wollte zuerst nicht antworten, doch seine Hände waren ferngesteuert.

„Hallo?", zitterte seine Stimme.

„Hey, John! Ich bin´s, Hanna. Hast du Lust spazieren zu gehen? Ich würde gerne mit dir sprechen." Die Stimme klang fröhlich und völlig entspannt.

„Macht's dir überhaupt nichts aus, dass deine Partnerin mit dem Typen nach Rom fährt und dort ein paar Tage verbringt?"

Es traf John wie eine Kanonenkugel. Seine Luft blieb weg und sein Blick wurde starr.

„Nicht wirklich... Sie soll ihr Leben geniessen und Freunde sind Freunde. Mir macht es nichts aus," sagte John völlig emotionslos.

Jetzt war alles klar. Ihr Verhalten, die Distanz und die Aufforderung, sie nicht zum Flughafen zu bringen. Wie konnte John nur so blind sein. Wie konnte er seinem Bauchgefühl keine Aufmerksamkeit schenken. Alles was er seinen Patienten predigte, wurde ignoriert.

„Du hast mich im Stich gelassen! Du warst nicht anwesend, als ich dich gebraucht habe"... ihre Worte wurden immer leiser und entfernten sich mehr und mehr. Für John klang es wie: „Du bist schuld", und seine Wut löste nichts in ihm aus. Ausser Wut war da nichts.

„Hey, ich hab einen Neuen, du musst gehen", klagte sein Ego!

John befand sich am Rand der Klippe. Alles war dunkel und sogar die Angst, die John fühlte, wenn er nachts alleine im Wald war, war gewichen.

Die Flasche Jack Daniels war leer getrunken und sein Kopf drehte sich.

„Nur ein Schritt und es tut nicht mehr weh, John ... nur ein Schritt."

John war fest entschlossen. Es war nicht das erste Mal, dass John seinem Leben ein Ende setzten wollte, doch war er immer zu feige gewesen.

John wusste viel. Er wusste viel über die Hermetik, über die Alchemie, über das Leben überhaupt. Wie vielen Menschen hatte er doch schon geholfen. Jedoch war John immer leer ausgegangen. Das waren zumindest seine Gedanken.

Die Sonne ging langsam auf und die schattigen Kolosse zeigten sich langsam am brennenden Horizont.

John nahm einen tiefen Zug der Schönheit, griff nochmals zum Handy, um sich zu vergewissern, dass er am Leben teilgenommen hatte, und wollte springen.

Social Network sei Dank... er hatte vor ein paar Tagen, zum ersten Mal in seinem Leben, jemandem eine Nachricht mit folgendem Inhalt gesendet: „Hey... ich weiss, es ist lange her, doch... ich brauche Hilfe."

Da er schon ein paar Tage nach einer rettenden Antwort oder einem Zeichen erfolglos gewartet hatte, war es überhaupt so weit gekommen. Seinem Ego zufolge zumindest.

Doch da war die Antwort... ein Post: „Die Natur liefert dir stets alle Antworten."

John sah sich um. „So viel Selbstmitleid, weil man DIR... DIR JOHN... dein Elend genommen hat. Weil du, wie beim Universum bestellt, eine Lösung für deine Situation bekommen hast. Und da stehst du, bereit zu gehen. Bereit aufgeben, weil du Angst hast! Mir nimmt man jeden Tag was weg. Und das ohne zu fragen. Man ergötzt sich meiner Schönheit und was ist der Dank?... Noch mehr Zerstörung und Gier."

Die Anrufe kamen wie von selbst... Die „die bekomme ich NIEMALS" Wohnung gehörte John. Die Offenheit gegenüber seinen Freunden wurde belohnt und die Liebe seines Lebens meldete sich via Social Network. Sie hatte in etwa dasselbe erlebt.

John hatte sich immer Kinder gewünscht und sie hatte schon zwei. John ist zum ersten Mal Vater geworden und ist jetzt Vater von drei Kindern.

Er eröffnete eine Schule und wohnt auf dem Lande... genau so, wie er es sich immer gewünscht hat!

!Heureka!

Kapitel 11 - Selbstgespräche
Das bewusste Spannen des Bogens

„Heute muss es einfach klappen. Es ist ja nicht so, dass ich es erst seit heute versuchen würde.

Schon seit 8 Jahren versuche ich dieses Astralreisen und es will einfach nicht funktionieren.

Ich habe schon so viele Bücher darüber gelesen, Seminare besucht und Privatunterricht gehabt, dass ich schon andere Leute unterrichten könnte.

Meditation ist ja schön und gut, auch klappt es wie am Schnürchen, doch dieses Astralreisen kriege ich einfach nicht hin.

Ok... noch ein letzter Versuch und das war es, das mit dem Meditieren und Astralreisen und all dem Zeug. Schliesslich bin ich ja kein Guru und in Indien wohnen tu ich auch nicht. Was wissen die schon über unseren Alltag... Stress, genervte Kunden, Rechnungen und nochmals Stress.

Augen zu... ok... Langsam von 100 nach Null zählen. Mit jeder Atmung sinke ich tiefer und tiefer... Ich entspanne mich... Ich bin entspannt... Scheisse, ich habe vergessen, die Rechnung für das Internet-Abo zu bezahlen... Egal... zurück zur Meditation... schliesslich will ich ja entspannen... Wo war ich nochmals?... Ach ja... 80... 79...78... 77... Dieser Hund... ständig muss er bellen... können die Leute ihre Viecher nicht erziehen?... Ich wette, ich hätte den Hund im Griff... ein paar Lektionen mit einem Privatlehrer und das Problem wäre gelöst... Jetzt weiss ich nicht mehr wo ich war... egal... weiter geht's... ich fang einfach bei 30 wieder an... 29... 28... 27... 26... Mann o Mann, sitze ich unbequem... Eigentlich würde ich ja lieber im Liegen meditieren, aber Meister Kuturmanayalappa hat gesagt, dass es gefährlich ist, Astralreisen im Liegen zu versuchen... wegen dem Einschlafen oder so was... Warum wohl?... Ich habe mal gehört, dass Schlafen auch eine Art Astralreisen ist, nur unbewusst... Schon wieder verzählt... ok... 10... 9... 8... Werde ich es diesmal schaffen bei Null vollkommen entspannt zu sein?... 3... 2... 1..."

„Wach auf!!!!"

Sandro stand auf und ging ins Badezimmer, um sich frisch zu machen. Noch nie hatte er solch eine anstrengende Meditation erlebt. Er war sogar ins Schwitzen gekommen.

„Komisch... Kein Wasser... und seit wann geht das Licht nicht?... Warum kann ich diesen verflixten Schalter nie finden?... Ich wohne ja schon seit 3 Jahren in dieser Bruchbude und habe das Lichteinschalten immer noch nicht automatisiert... Aber ich dachte, ich hätte das Licht angemacht... Moment... Warum kann ich im Dunkeln sehen? Komm schon du Spinner... du bist sicher einfach extrem übermüdet. Ich denke, ich lege mich ins Bett... Ich habe noch nie bemerkt, dass meine Wohnung solch ein diffuses Licht hat... Ich brauche dringend neue Lampen..."

Noch nie hatte sich Sandro so erschrocken... Da lag er... atmend... bewusst... reisend... Als Sandro die Situation überhaupt realisiert hatte, stand er schweissgebadet auf dem Bett.

Kapitel 12 - Affirmieren
Bewusstes Senden von Gedanken - Ich wünsche mir

$\mathcal{E}$s war Weihnachten. Der Schnee bedeckte die Landschaft, als drohten die Wiesen zu erfrieren und der Schnee eine rettende Decke wäre.
Chris stand vor dem Kamin und legte Plätzchen und Milch für den Weihnachtsmann hin. Genauso, wie es seine Mutter ihm befohlen hatte.
Es war kalt und ausser ein paar komischen Gestalten traute sich niemand auf die Strasse. Ab und zu schleuderte ein Auto vorbei. Die Strassen tanzten vom Licht des Scheinwerfers inspiriert und streichelten Chris' Gesicht.

„Ob der Weihnachtsmann meine Wunschliste dieses Jahr bekommen hat?", murmelte Chris, als wollte er ein Geheimnis bewahren.
Er wünschte sich nichts sehnlicher als diese Carrera-Bahn. Doch wusste er auch innerlich, dass es den Weihnachtsmann gar nicht geben konnte und seine Eltern waren auch nicht wirklich wohlhabend.
Obwohl er jeden Tag mit der Bahn spielte, wurden seine Fantasien stets von den Worten seines Vaters erdrückt: „Hör auf zu träumen, mein Junge... das Leben ist hart und es spielt sich nicht in der Fantasie ab."
Ein kleiner Trost für einen Jungen, der nur eine Carrera-Bahn wollte... was hatte die Bahn schon mit dem Leben zu tun...

Chris stand auf, um in die Mittagspause zu gehen. Er konnte das Essen der Kantine nicht ausstehen, doch war es weit und breit das einzige, was sich mit einem Essen eventuell identifizieren konnte. Der leise Schatten einer Mahlzeit. Jeden Tag dasselbe Essen. Fad und lieblos gekocht. Hätte er doch nur das Geld, um seine Mutter öfters besuchen zu können. Die konnte kochen.
Er vermisste sie, obwohl sie im Streit auseinander gegangen waren, da Chris nicht unbedingt der Beste in der Schule war und er den Traum seiner Eltern, Anwalt zu werden um sie aus der Misere zu erlösen, nicht erfüllen konnte. Auch wurde er jedes Mal ein bisschen melancholisch, wenn er an die Carrera-Bahn denken musste. Er hatte sie nie bekommen.
„Schluss damit, Chris... du bist ja kein Kind mehr. Deine Eltern haben ihr Bestes getan um dich zu ernähren. Dir hatte es an Nichts gefehlt. Du hattest saubere Kleidung und immer warmes Essen..." seine Gedanken wurden von einem lautem Knurren unterbrochen... „Lass los Chris... Du bist erwachsen... hättest du dich lieber auf die Schule konzentriert anstatt einer lächerlichen Bahn nachzutrauern."
Die Stimme in seinem Kopf klang wie die seines Vaters.
Chris dachte nicht mehr daran. Er konnte sich an keinen Tag erinnern, an dem er

nicht an die Bahn gedacht hatte. Die Bahn, die er niemals bekommen hatte.
Doch seine Verzweiflung und sein Hunger mischten sich zu einer tödlichen Tinktur, die das Denken unmöglich machte.
Der Job bei der Entsorgungsstelle nagte an seinen Essenzen und Essen war seine tägliche Erlösung.

Nachdem Chris das Essen in sich reingeschleudert hatte, ging er zurück an seinen Arbeitsplatz. „Wenigstens trenne ich nur den Elektroschrott... Da stinkt es wenigstens nicht."
Kaum wollte er sich wieder dem Gedankenduell ergeben, riss ihn eine zärtliche Stimme aus dem Ring: „Guten Tag, wissen Sie vielleicht, wo ich dieses Spielzeug entsorgen kann? Es gehörte mal meinem Enkel, doch er wollte nie damit spielen. Es wurde einmal ausgepackt, aufgestellt und danach nie wieder gebraucht."
Chris konnte seinen Augen kaum Glauben schenken... Es war die Carrera-Bahn, die er sich so lange gewünscht hatte.

!Heureka!

Kapitel 13 - Vertrauen
Wahrnehmungsverschiebungen durch Absicht

Vertrauen ist eine wunderbare und heilbringende Energie. Vertrauen ist gutmütig und sanft, liebevoll und schön. Vertrauen ist Antrieb und Fortschritt, Entwicklung und Türöffner.

Vertrauen ermöglicht Entwicklung und Heilung, es ermöglicht das Verlassen eines Raumes und das Betreten eines neuen, Vertrauen ist der Schlüsselmacher und Wegweiser.
Vertrauen ermöglicht den Zustand der Widerstandslosigkeit und somit zur Liebe, zur Essenz und zur Quelle.

Vertrauen ist einzigartig, lass los.

Lass los und vertraue, gib Dich Dir selbst hin und sei Gott.

Schau hin, nicht weg, lass los, lass gehen, vergib und lass Dich treiben

Danke

Teil 7 – Die Götter, die uns erziehen
Die Götter, die uns erziehen – die Kinder der Welten

Einleitende Gedanken & Gefühle in den siebten Teil – Die Götter, die
uns erziehen   186
1. Die Götter des Olymps   187
2. Der Reinkarnations-Zyklus   188
3. Erziehen vs. Begleiten   189
4. Die Unversehrtheit des Kindes   190
5. Hilf mir, es selbst zu tun – das unendliche Potenzial fördern 190
6. Bewusstes Begleiten   191
7. Wertung – Sarkasmus & Wut   192
8. Mein & Dein   193
9. Umgang mit der Natur   194
10. Bewegung & Aktivität   195
11. Von Angst & Zweifel, Moral & Ethik   196
12. Die Intelligenz der Kinder   197
13. Die neue Welt   198

Einleitende Gedanken & Gefühle in den siebten Teil – Die Götter, die uns erziehen
Die Kinder der Welten

𝒟ieser siebte & beschliessende Teil dieses Buches ist – was ich auf Empfehlung von guten Seelen anfüge. Er entspricht mir sehr – da mein erlernter Beruf Kleinkinderzieher ist & er so mein alltägliches Arbeiten widerspiegelt.

Der heutige Name meines Berufes – Fachperson Betreuung Kleinkind – kommt dem Inhalt & der Aufgabe, die damit verbunden ist viel näher – weshalb ich ihn hier auch aufführe.
In den vergangenen Jahrzehnten hat sich das gesellschaftliche Bewusstsein aufgetan für die Wichtigkeit der gezielten Förderung und Betreuung des Kindes ab dem sechsten Lebensmonat.

Begleitung & Bestimmung des Werdens und Wachsens des Kindes fangen mit der Zeugung des Kindes an – zieht sich fort über die Zeit der Schwangerschaft. In dieser Zeit bestimmt die Umwelt, welche auf die Mutter einwirkt & das Befinden der Mutter, welches diese bestimmt – über die Grundstrukturen des Bewusstseins des Kindes.

Sowie das Kind in die Dichte – die Dualität – das Dharma eintritt – bestimmen die Verlässlichkeit und Konstanz – Zuverlässigkeit & Wahrheit betreffend sich selbst & gegenüber der Welt – den weiteren Verlauf in der Geschichte der Eins- oder Zwei-Werdung der Welten.

Wollen wir sein wie die Götter im Olymp & über Gedeih & Verderb unserer Kinder richten & bestimmen oder wollen wir unsere Kinder in ihren Bedürfnissen hören & wahrnehmen – ihnen den Zugang zu ihrem Spirit – ihrer Seele & ihrem Herzen verschliessen oder sie begleiten im Erhalten & Ausbauen dieser gegebenen Eigenschaft?

Ich wünsche mir eine Welt, in der wir uns alle die Hand reichen – Ich glaube an eine Welt in Frieden & Vollkommenheit – Ich lebe für eine Welt in der Gut- wie Gleichmut & so Harmonie – Liebe & Wahrheit die Realität eines jeden & von allem, was da ist – gelebt & weitergegeben wird – Jetzt.

Kapitel 1 - Die Götter des Olymps
Papi & Mami – die Götter aller Kinder

$\mathcal{E}$s ist die Liebe & die damit einhergehende Fürsorge der Eltern, die uns gezeugt & erzogen haben, welche uns vielfach hilflos und nur eingeschränkt überlebensfähig machen.

Wenn Du das Begleiten Deiner Kinder über Veräussern von Autorität praktizierst – bist Du eben nicht am Begleiten & so Fördern des unendlichen Potenzials – sondern am Erziehen & Gefügigmachen.

In Bezug auf dieses Thema sind wunderschöne Prozesse passiert in den vergangenen Jahrzehnten & dem letzten Jahrhundert.

Ging man doch in den späten Anfängen des 19. Jahrhunderts davon aus, dass ein Kind böse auf die Welt kommt & man ihm dieses Böse nur durch geistige wie körperliche Züchtigung austreiben kann.
Während man heutzutage weiss, wie wichtig es ist, ein Kind in Liebe und Fürsorge gross werden zu lassen.

Klar haben wir noch immer viele Eltern, welche gezüchtigt wurden genauso wie missbraucht & unterdrückt – jedoch wird das Bewusstsein für die Verwerflichkeit solcher Taten – gerade gemessen an den dadurch entstandenen Resultaten – immer mehr sensibilisiert & verfeinert.

Auch wenn von innen betrachtet – mit den Augen eines normal Sterblichen
– Veränderungen & Entwicklungen langsam passieren. Aus dem Auge der Geschichte des Menschen – über die vergangenen 18 Millionen Jahre (offizielle Da-
tierung) - ist wenig passiert & seit ein paar Jahren verändern wir uns so rasend
schnell wie nie zuvor.

Und ja – zurück zum Thema – den Göttern, die uns erzogen haben – dadurch,
dass wir Zweifel – Angst & Scham erlernen – sowie Neid – Eifersucht & Besitz-
wie Geltungssucht & unser unendliches Potenzial nicht gefördert – doch im
Gegenteil – unterdrückt und verneint wird – ist gewährleistet, dass wir die Götter
im Olymp (hat keinen reellen Bezug zum Olymp) gewähren lassen & stumpf-
sinnig vor uns hin vegetieren – anstatt uns in unser Licht zu stellen & uns zu
erinnern – unserer inneren Stimme zu entsprechen & aus Gewissheit & so Liebe
zu handeln & zu erschaffen – zu gestalten & zu erleben.

Kapitel 2 - Der Reinkarnations-Zyklus
Wir sind immer eins

„Gekommen um zu bleiben" ist eine Aussage, welche mir in diesem Kontext
sehr entspricht. Wir erscheinen als Kette – als zusammenhängendes Band.
Wir sind gekommen um gemeinsam zu erwachen – doch solange das kollektive
Bewusstsein schläft – gehen & gehen wir wieder – als Kette – von Generation zu
Generation – solange bis wir wachgeküsst werden.
Immer & immer wieder – solange bis wir als Kollektiv in die Liebe gefunden
haben.
Alles, was da ist – ist eins & alles, was da ist hängt voneinander ab – alles, was
da ist zieht sich an oder stösst sich ab – solange bis jedes Teilchen sich frei von
Widerstand bewegt – alsdann Neues entstehen kann.

Solange wir Widerstand erzeugen und nicht zusammen schwingen, verunmögli-
chen wir meiner Wahrnehmung nach Entwicklung & so Evolution.

Geben wir unseren Kindern Frieden – geben wir ihnen positive & aufbauende
Begleitung. Spornen wir sie an, sich selbst & die Welt zu entdecken – zeigen wir
ihnen all das, was wir entdeckt haben & lernen sie zu entdecken, was sie entdecken wollen – zeigen wir ihnen sich zu vertrauen, indem wir uns selbst vertrauen.
Zeigen wir ihnen, dass es keine Grenzen gibt, indem wir es ihnen vorleben.

Zeigen wir ihnen, dass wir eine Familie sind, in dem wir sie dies tagtäglich erleben lassen.

Dies gelingt uns nicht über Zuschreibung – Wertung – Hass – Gier – Stress oder Neid & Wettbewerb, sondern über inneren Frieden und Verbundenheit mit uns selbst.

Jetzt & zu jeder Zeit – nicht als geistiges Modell, welches es anzustreben gilt, sondern als Ist-Zustand unseres Selbst.

Ich verändere die Welt – genau so wie Du – wie wir – wie alle – in alle Ewigkeit.

Kapitel 3 - Erziehen vs. Begleiten
Fördern statt Belehren & Erziehen

𝒟ies ist ein wunderschönes Kapitel – denn es ist von einer grossen Bedeutung gewesen in meinem Leben. Doch das ist nicht, was ich hier vermitteln möchte.

Damit ein Kind frei & ungezwungen heranwachsen kann, braucht es einen sicheren Hafen, zu dem es immer zurückkehren kann – braucht es verlässliche Menschen, die es umgeben – braucht es klar erkennbare Elemente (Strukturen), die es umgeben – wie einen liebe- & verständnisvollen - wie wohlwollenden Ton, der zu ihm spricht.

Diese Begebenheiten sind allesamt innere Stimmen und Elemente – welche nicht durch Reisen – durch örtliche Verschiebung – durch Scheidung, Trennung oder andere äussere Wirbel verschoben werden müssen.

Wenn diese Umstände gegeben sind, entwickelt sich das Kind voller Vertrauen in die Welt – es ist & bleibt neugierig und voller kindlicher Naivität – es vertraut und hört auf seinen Instinkt (Intuition).

Dies ist eine unvergleichlich schöne & vielfältige – starke & stabile Ausgangslage für ein jedes Wesen, sich frei zu entwickeln & sich zu verwirklichen – schenke sie – Dir & so allem, was Dich umgibt & besonders den Kindern, die um und mit Dir sind – Danke.

Kapitel 4 - Die Unversehrtheit des Kindes
Von Klarheit und reinem Herzen

*U*nser Verstand ist unsere grösste Herausforderung – denn das Kind ist direkt mit seinem Herzen – seinem Bewusstsein & dem Universum verbunden.
Das Baby kommt aus dem Einssein – dem Uterus der Mutter – unter grossem Druck & Lärm – hinein in die Dualität.
Die Seele entscheidet sich für ein Elternpaar & springt aus der Ewigkeit (da gibt es verschiedene Ausdrücke & Namen – Ich habe meinen noch nicht gefunden) in den Embryo – dort herrscht nach wie vor Schwerelosigkeit und alles ist gegeben & dann die Geburt.

Nun, da unsere Kinder uns kopieren, ist dies kein einfacher Punkt – denn wie sollen wir ihnen etwas vorleben, was wir nicht sind... STOPP!!!
Das ist nicht möglich – entweder wir sind es & leben es vor – oder wir sind auf dem Weg & leben das vor oder wir interessieren uns dafür und leben das vor.

Dieses Buch ist mein persönlicher Wegleiter, den ich mir selber hinterlasse & so der Ewigkeit – zum Eins sein – zum Verlieren des Verstandes – zur Einsicht, dass geistige Krankheit nicht existiert & alles ausser Liebe eine Illusion & Variable ist.

Du findest Deinen – oder hast ihn schon gefunden – oder Du bist daran, Dich darauf vorwärts zu bewegen...

Es gibt kein Richtig & kein Falsch – kein Viel & kein Wenig – kein Gut & kein Schlecht – es ist alles & wir sind genau da, wo wir sein sollen & Du bist genau da, wo Du sein willst – JETZT – ja, schau Dich um & guck nicht so komisch – gib Dir einen Ruck & freu Dich – Du machst das wunderbar.

Kapitel 5 - Hilf mir, es selbst zu tun – das unendliche Potenzial fördern
Die Magie des selbstständigen Erfahrens

*D*ie Welt des Kindes & somit das endlose Potenzial entfaltet sich durch Zusprache unsererseits. Ein Kind braucht keine Grenzen & Verbote, sondern Möglichkeiten & Erfahrungen, an denen es wachsen kann. Ein Kind braucht die Erfahrung, an seine Grenzen zu kommen um so den Willen, diese überwinden zu können – zu entwickeln.

Ein Kind braucht eine helfende Hand, die ihm zur Verfügung steht, wenn es danach fragt – es braucht eine Anlaufstelle, auf die es immer zählen – auf die es sich immer verlassen kann.
Ein Kind braucht einen sicheren & vertrauten Hafen, den es zu jeder Zeit anlaufen kann.

Kinder sind in ihrer Natur – Entdecker und Forscher – neugierig auf alles, was es zu entdecken gibt. Sie wollen lernen & gehen davon aus, dass die Welt sie trägt – begleitet & ihnen wohlwollend & unterstützend begegnet.

Nun dann – wenn wir sie in diesen naturgegebenen Veranlagungen & Bestrebungen begleiten – bestätigen & erkennen können – dann geben wir ihnen das, was sie zur Erkenntnis und Entwicklung ihres Selbst brauchen – auf ganzer Linie.

Kinder lernen von uns – sie werden zu dem, was wir ihnen vorleben. Auf der Gefühlsebene heisst das – sei immer ehrlich & transparent gegenüber Deinen Gefühlen – sodass Dein Kind dies ebenso tun & leben kann.

Die Kinder sind – ob in oder um uns – die Schöpfer & Gestalter der Welten – schon immer – Jetzt & in alle Ewigkeit.

Kapitel 6 - Bewusstes Begleiten
Sprache & Austausch

Die Sprache ist einer von vielen Spiegeln unserer Seele. Ihre Schwingung und Verwendung zeigt uns auf, wo wir uns befinden auf dem Weg des Erinnerns. Die Sprache, welche wir sprechen (unabhängig von Spracharten wie Deutsch – Arabisch – Serbisch – Englisch etc.) ist, was wir unserem Kind in uns & den Kindern um uns vorleben & so vermitteln.

Wie gesagt, unsere Sprache ist Schwingung – mit unserem Sprachorgan können wir jedoch noch viel mehr als sprechen – wir können singen – was meinem Fühlen & Erleben nach die am engsten mit der Liebe verbundene Art des Ausdrucks ist – neben Musik und Kunst im Allgemeinen.

Viele Sprachen haben wir auf dieser Welt – im alten Testament wird erzählt von Babylon – wo die Sprache in viele Sprachen – und die Einheit in eine Vielheit geteilt wurde.

Ich fühle & bin mir für mich gewiss – dass das Zusammenfügen der tausend Dinge – nicht im Aussen, sondern in unserem Selbst – zur Wiedervereinigung von allem, was je getrennt wurde führt.
Nicht durch Gewalt oder Manipulation – sondern durch Verweilen – Annehmen (Integrieren & Zusammenführen) des Selbst.

Die Art, wie das Kind in Dir und die Kinder um Dich deine Sprache erfahren und erleben – ist, wie die Sprache gelebt und verwendet werden wird.

Wir sind Musik – Ton & Melodie – wir sind der Sender, welcher allem, was uns umgibt sagt, wie es sich verhalten soll.

Lass uns voller Schwung & Enthusiasmus Symphonien erklingen - zu welchen Mozart – Bach & Beethoven verträumt & angetan in den Ballsaal treten, um gemeinsam dem Klang des Universums zu lauschen.

Kapitel 7 - Wertung – Sarkasmus & Wut
Zu sich selber & seinen Gefühlen stehen

Gefühlswahrnehmung - dieses Thema habe ich in verschiedenen Kapiteln & Absätzen bereits angeschnitten & tue es auch in nachfolgenden. Denn es ist ein – in der Gesellschaft, in der ich aufgewachsen bin & lebe – allgegenwärtiges & so dermassen prägendes – dass die Wiederholung der Wiederholung nichts als selbstverständlich ist für mich.

In den westlichen Gesellschaften ist Sarkasmus & zynisches Verhalten Alltag und wesentlicher Bestandteil der angewandten Sprache.

Meinem Fühlen und Erleben zufolge sind die beiden das Resultat der Unfähigkeit, mit seinen Gefühlen offen umzugehen – nicht bedingt aus familiären Schranken – sondern gesellschaftlichen.

Dies, da offener Umgang mit Gefühlen nicht gepflegt oder gefördert wurde über die uns vorangehenden Generationen. Nicht aus der Absicht der Selbstverleugnung, aber als logische Konsequenz der Lebensbedingungen.

Doch heute haben viele Gesellschaften den Punkt erreicht – wo Gefühle ihren berechtigten Platz wieder einfordern zum einen & zum anderen auch die Sensibilität und Bereitschaft gegeben ist – Gefühle zu integrieren.

Wo Gefühle willkommen & gewünscht sind – wo Gefühle & Empathie – die Fähigkeit, Gefühle wahrzunehmen & zu spüren - in ihrer Wichtigkeit & Bedeutung erkannt & gefördert werden.

Als ich vor gut zwei Jahren drei Monate in China verbracht habe – als Schüler in einer Kampfkunstschule – hatte ich regen Austausch mit dem Übersetzer – einem Chinesen – betreffend zynischem Verhalten – Sarkasmus & über Humor, wie wir Westler ihn pflegen.

Das Resultat war genau so verblüffend wie – zumindest für meinen Teil – erhellend. Der gute Mann hatte keinerlei Verständnis für dieses Verhalten & konnte den Witz dahinter – darin & daraus weder verstehen noch nachvollziehen.

Wir lachen, wenn sich Menschen in unglücklichen Situationen verfangen & glimpflich davonkommen & wir weinen, wenn etwas so richtig schön ist.
Viele von uns werden wenn, dann von Gefühlen überfallen & heimgesucht.
Statt dass wir Gefühlen offen begegnen & sie so bewusst & neutral wahrnehmen.

Wir haben unsere Verbindung zur Erde – zum Dao – zum Dharma – zur Liebe – zum Universum vielfach verlernt & so den natürlichen Zugang zu uns selbst.

Eines der grössten Geschenke, die wir dem Kind um wie in uns machen können – ist, diese Verbindung durch bewusstes Erinnern – wieder herzustellen.

Kapitel 8 - Mein & Dein
Oder das Gut, das niemandem gehört – wir sind alles Gäste

Meine Brio Bahn & Deine Barby – Mein Haarreif & Dein Cowboyhut – Mein Besteck und Dein Besteck – Ach, ach, es ist weder mir noch Dir – noch ist es uns – es ist schlussendlich alles der Erde, die wir bewohnen entsprungen & wenn Du jemandem danken möchtest dafür – Danke ihr.

Klar besitzen wir und sind umgeben von Habe & Gütern – doch uns nicht daran zu orientieren – sprich unsere Person damit zu verbinden, ist mein Ansatz und was ich tue – & wenn ich jemandem mit etwas, das ich habe helfen kann – dann ist es mir eine Ehre dies zu tun.
Und dies bedenkend, dass ich zuerst komme & dann all die anderen – nicht im Sinne von Vorenthalten, sondern im Sinne von Selbsterhaltung.

Was wir unseren Kindern vorleben, ist die erste Instanz & was wir ihnen beibringen die zweite – dazu kommt, was sie in ihrem Umfeld lernen & erfahren.

Kinder wissen in ihrem Herzen alles (aha – also auch ich & Du) – doch die Welt des Dharmas – der Dichte – der Dualität widerspricht als solches ganz & völlig allem, was uns das Herz und das Bewusstsein vermittelt.

Um diese Welten – die Innere & die Äussere zu verbinden, brauchen wir Unterstützung. Um dies erfolgreich & nachhaltig zu gestalten, komme ich zurück auf den liebe- & verständnisvollen - sowie wohlwollenden Ton, der das Kind begleitet auf dieser abenteuerlichen Reise.

Wertung & Wettbewerbs-Denken auf Wertbasis ist, was uns zerteilt und entzweit – muss es ja, denn es gibt immer einen Gewinner & einen Verlierer – einen Starken & einen Schwachen – einen Guten und einen Bösen.

Es ist kein grosses Ding, sich in sich selbst und die Liebe zu sich zu stellen – als Gedanke oder Vorstellung mit der Zuschreibung Utopie. Aber es ist eine Welten-vereinigende – Welten-befriedende Massnahme dies zu leben.

Klar im Bewusstsein, dass der Weg das Ziel ist & dass Fehlschläge & Misserfolge uns zu dem machen was wir sind – wunderbare & einzigartige Wesen.

Mit dem Bewusstsein, dass wir gekommen sind um unsere Musik (Aussage inspiriert von Mr. Wayne Dyer) im Herzen erklingen zu lassen – unser Lied zu spielen – zu tanzen & auszudrücken, was auch immer unsere Seele & unser Herz uns zuträgt.

Das Land, auf dem wir leben – die Erde, die uns verbindet – das Haus, in dem wir wohnen – alles was uns umgibt – ist nichts als freie Energie & genau so soll sie sein – frei.

Kapitel 9 - Umgang mit der Natur
Der Zugang zur Mutter Erde

𝒰nsere Mutter Erde – die treue & geliebte – welche uns alles zur Verfügung stellt, was wir haben und sind. Sie ermöglicht uns alles, was wir erleben und tun – Jetzt – seit immer & in alle Ewigkeit.
Doch was geben wir Ihr dafür?
Und wie können wir Ihr geben?

Du kannst Dich in die Wiese setzen & meditieren – Dich mit Ihr verbinden – Sie mit Deinem Herzen verbinden & Ihr Energie zufliessen lassen – mit Ihr in den feinstofflichen Austausch gehen.

Oder Du kannst Dich über Zimmer- wie Gartenpflanzen mit Ihr verbinden & mit Ihr austauschen – zu jeder Zeit.

Du kannst Dich mit Bäumen & Pflanzen unterhalten – ihnen Namen geben & Dich so enger mit Ihnen verbinden. Du kannst die Natur täglich umarmen – frage Sie, ob Sie dies möchte & auf welche Art – Sie wird es Dir zeigen.

Gehe hinaus & säubere Sie – reinige Sie, indem Du mit Freunden & Bekannten – mit allen die Dich unterstützen wollen oder eben nicht – Bäche und Wälder – eben alle Dich umgebende Natur – von den Gegenständen, welche Sie verschmutzen & belasten befreist.

Gehe in die Landwirtschaft – in eine Kommune, die sich selbst ernährt – werde zum Selbstversorger & finde Dich so - täglich verbunden mit Ihr.

Zeige Deinem Dir innewohnenden Kind sowie all den Kindern, die Dich umgeben, der Natur voller Gutmut & Wohlwollen zu begegnen.

Kapitel 10 - Bewegung & Aktivität
Die Entwicklung von Körper & Geist

Die Zeit, in der ich lebe, ist geprägt von medialem Einfluss & Technik. Wir leben in Häusern – umgeben von dicken Mauern und lebensversichernden Schlössern & Türen. Die Natur lieben wir – sie wird gross geschrieben & gepriesen – doch verabscheuen wir sie. Sie bringt uns Allergien & Krankheiten – sie gefährdet unsere Gesundheit & wir haben auch nur selten Zeit, in die Auseinandersetzung – geschweige denn in die Pflege – ihrer zu gehen.

Viele Kinder unserer Gesellschaften verlieren den Kontakt zur Natur. Ist sie es doch, die dem Kind seine Grenzen aufzeigt – die ihm ein einzigartiges Wachstum ermöglicht – angefangen bei Ernährung – weiter zu Bewegung & Entwicklung des Körpers – hin zu der Entwicklung der Sinne – innerlich wie äusserlich.

Unsere Kinder können Smartphones und Tablets bedienen – auf Spielkonsolen spielen – Computer bedienen & wissen von früh an, wie man entspannt das Fernsehen geniesst.

Doch sie verlieren ihr Körpergefühl – kennen ihre Grenzen nicht – verlieren den Respekt gegenüber den erziehenden Personen & gehen davon aus, dass die Welt auf sie gewartet hat.

Nun ist das schlecht? – Ach, das weiss ich nun wirklich nicht – anstrengend & konfliktfördernd in jedem Falle für alle Betroffenen.

Allerdings sind sie bereit, das unendliche Potenzial in sich freizusetzen – in jedem Falle.

Doch sind sie auch fähig, dieses umzusetzen ohne Verbindung zur Natur? – Denn sie beherbergt die Elemenale, aus welchen wir zusammengesetzt sind. Sie ist unsere Mutter – sie sind, wo wir herkommen und wohin wir zurückkehren.

Um in der Welt, in der wir leben – frei von chemischen oder technischen Zusätzen & Begleitern – überlebensfähig zu sein – brauchen wir die Natur – täglich und zu jeder Zeit – als Gefährtin – Heimat & Begleiterin.

Im Namen Deines Kindes – dessen in Dir und all denen, die Dich umgeben – verbinde Dich mit Ihr.

Kapitel 11 - Von Angst & Zweifel, Moral & Ethik
Gesellschaftliche Rollenzuteilungen

Frau & Mann – in meinen Breitengraden benannt mit dem Überbegriff Gender – sind verbunden mit Tausenden von klärenden & genau deshalb so verwirrlichen Zuschreibungen – bezeichnet als Gender sollen & dürfen diese Rollen & Zuschreibungen zerfallen & sich auflösen – dies einer von vielen Gedanken hinter diesem Ausdruck.

Die Rollen von Mutter & Vater sind die am tiefsten verwurzelten und gerade deshalb tauchen sie hier im siebten Kapitel auf.

Denn was wir ernten, das werden wir säen – frei von gut oder schlecht – richtig oder falsch – aber als persönliche Feststellung.
Die Rollenzuschreibungen sind deshalb verwirrlich, da jedes Individuum weiss, was & wer es ist – da wir aber physische wie metaphysische Begrenzungen erhalten – welche wiederum durch familiäre wie gesellschaftliche Begrenzungen & Vorschriften & Benimmregeln ergänzt werden.

Dazu kommt Erfahrung – beruhend auf Versuch & Irrtum und den daraus entstandenen Konsequenzen, welche wir als Erfahrung ablegen. Dieser Erfahrung wiederum schreiben wir Umstand und Situation zu & bauen unsere Urteilskraft & unseren Charakter darauf auf.

Ach & auch hier wieder – wir sind, wer wir sind – statt uns im Aussen entdecken zu wollen – in diesem Falle uns über den Intellekt zu definieren & zu entdecken – sollen wir still stehen & verweilen – bis das Herz zu uns spricht & uns alle Antworten auf unsere Fragen passieren statt dass wir sie in unserem Intellekt suchen.

Unser Intellekt kann uns Kartenhäuser zur Verfügung stellen – welche wir bestimmt auf Thesen und Modellen abstützen können – doch sind sie nicht stabil in ihrem Fundament, denn es sind nicht die luftigen Tücher des Spirits, der alles kennt und immer vertraut – sondern die schweren Steine des Verstandes – der Flüssigbeton & der Stahl des Intellektes, welcher alles abschirmt und überzieht, was sich einst freier Spirit und Seele nannte.

Wir sind eine wunderschöne & unglaublich kreative Familie – gross & gesund – von Spirit & Seele – von freier Energie & so Liebe.

Wenn Du dies in Dir findest & Deinen geliebten Kindern oder den Kindern, welche Dich umgeben – weitergeben – vorleben & vermitteln kannst – dann ist dies – frei von Wertung oder Zuschreibung – unglaublich wunderbar.

Kapitel 12 - Die Intelligenz der Kinder
Die Verbundenheit

Die Seele / Spirit entscheidet sich entsprechend seiner Wünsche & Eigenschaften für die Reise innerhalb der Dichte (Dualität / Dharma). Mit dem Entstehen des Fötus ist das Gefährt für die Seele / Spirit geschaffen für das Erleben innerhalb dieser, unserer Welt.

Anzumerken ist auch, dass der Übergang vom feinstofflichen Reich (Samsara) hinein in das Grobstoffliche (Dharma / Dichte / Dualität) sehr angenehm gestaltet wird. Denn der Fötus befindet sich – genau wie im Reich der Feinstofflichkeit – in der Schwerelosigkeit – sprich, im Moment wo Du in ihn eintrittst & ihn so zum Wesen werden lässt – fühlst Du Dich wohl anders, doch immer noch vertraut.

Im nächsten Schritt – welcher für alle Beteiligten der schmerzvollste ist (oder eben nicht / Karma) – kommst Du zur Welt – in die Welt, in der die Schwerkraft wirkt – doch Du bist in Deinem Dir mittlerweilen vertrauten Körper – also ist alles immer noch zu verkraften – und Du bist ja so unendlich positiv – erfüllt und erleuchtet von Liebe – dass Du Dich selbstlos & voller guten Gefühle auf dieses Leben einlässt.

Deshalb, Du geliebtes Du – finde in Deine endlose Liebe und fördere – stütze, lebe & teile diese Liebe – jetzt & in alle Ewigkeit – so dass alles verbunden sein kann – in sein Vertrauen gestellt wird (denn dies ist in Dir der Fall).

Kapitel 13 - Die neue Welt
Die Fähigkeit des Liebens

Wir alle – Du – Sie – Er – Sie – ja wir alle sind unendliches Potenzial – welches sich in Milliarden von Fällen nie voll oder nur teilweise entwickelt – welches verkümmert – verneint und abgelehnt wird.

Dieses unendliche Potenzial ist es, welches unsere Kinder in ihren Herzen tragen – welches wir – da wir ja auch Kinder sind – auch in unserem Herzen tragen. Es ist ebendieses Potenzial, welches wir lernen zu vergessen – zu verneinen – zu vergraben – anhand von Lehrmeinungen – fehl-vermittelten Religionen – von Misserfolgen & angeeigneten Ängsten.

Du wunderbare Person, die Du hier angelangt bist – in den letzten stürmischen Momenten dieses Buches – wenn Du Kinder um Dich – bei oder mit Dir hast – zeige ihnen Deine Liebe – genauso wie Liebe ist – frei von Zuschreibung oder Erwartung – frei von Schmerz & Angst – frei von Zweifel oder Einschränkung – Liebe ist & so sind wir.

Nicht folgend einer edlen Absicht des Herzens wie der Liebe oder Wahrheit – wie soll eine solche Tat auch einer edlen Absicht des Herzens entsprechen können – sondern entsprechend den Bedürfnissen der einzelnen, welche auf unseren Rücken – aus unserem Schweiss & unserem Herzblut Billionen machen – in der jeweiligen Währung des entsprechenden Landes.

Das Ziel der westlichen Gesellschaften ist nicht geistige Entwicklung und Zufriedenheit von Vielen – sondern Vorteile & Vorzüge für Einzelne.
Wir wiederholen die Geschichte wieder & wieder – dieses Verhalten führt

– gemessen an den Beispielen, welche uns geschichtlich vorliegen zu Krieg und Verwüstung – zum Untergang der Kultur.

Ich weiss, dass dieses Buch eine von vielen Möglichkeiten ist, einen Umschwung ohne Schaden & Zerstörung – einen Wandel durch bewusstes Sein & Denken zu ermöglichen – ich sende alle Worte & Aussagen – alle Modelle – schriftlich & gezeichnet hinein in das Energienetz unseres geheiligten Planeten – auf dass es sich manifestiert – nicht als was es hier geschrieben steht – als Lehrsätze & Aufgabenstellungen – sondern als Programm für die Matrix – als Manifest, welches sich im kollektiven Bewusstsein umsetzen und ver-fein-stofflichen soll & darf.

Wenn Du, mein geliebtes – bewundertes und heiliges Du, der Meinung bist, dass der Mensch zu primitiv ist für einen Wandel im Namen der Liebe – folgend der Notwendigkeit der Bedingungen, welche uns unsere Erde & Weltbevölkerung stellt – dann höre ich Dich.

Natürlich verstehe ich Dich ebenso – jedoch bin ich anderer Meinung – wie bereits kundgetan. Denn wir sind erstaunlich lernfähig & anpassungsfähig & gemessen an den Erfindungen der vergangenen 300 Jahre – bin ich überzeugt, dass wir es als Kollektiv tun – Jetzt & in alle Ewigkeit.

Ich glaube an das Paradies auf Erden – ich sah & erlebte es über knapp drei Jahre – im Jetzt schwimme ich nachwie vor – doch immer mehr & mehr mit der Liebe – sprich mit mir & allem was in mir wohnt – verbunden.

Anhang & Danksagung
Ausführung und abschliessende Worte und Gedanken

Was und wer - warum & weshalb entschied ich mich, diese sieben Teile zu verfassen, dieses Buch zu schreiben?
Was hat mir die Augen geöffnet & mir diese Worte & Informationen zugespielt?
Was hat meinen Geist dermassen inspiriert & wie kam das Werk zustande?

Ich fühle & nehme so an – dass sich Dir diese & viele mit diesen Fragen verwandte Gedanken stellen.

Als Erstes möchte ich Dir gratulieren - Du bist auf den letzten Seiten dieses wunderbaren - lichtvollen Werkes angekommen, angekommen in jeglichem & so mit jedem Deiner Sinne.

Ich wünsche Dir weiterhin nur das Beste & so lege ich hier in & zwischen diese Zeilen – Licht – Liebe – Gesundheit - Geduld – Ruhe - Kraft & Fokus. Sie sollen Dir als Begleiter - als Engel & Wegbereiter zur Seite stehen - sowie für ewig mit & bei Dir sein.

Zeit meines Lebens & Erlebens wurde ich begleitet von wunderbaren Geschöpfen & Wesen. Zeit meines Lebens & Erlebens habe ich versucht, mich zu formulieren - mich mitzuteilen & verständlich zu machen.

Zeit meines Lebens habe ich bis wenige Tage vor meinem 31. Geburtstag damit verbracht, Wesen & Geschöpfen Stütze, Pfeiler & Wegweiser - Berater & Coach zu sein.

niemals vergebens & niemals ohne Resultat

Allerdings habe ich meine Energien nie gebündelt und konzentriert eingesetzt. Fokus hatte für mich den Inhalt - alles was um mich passiert zu bündeln & über einen Kanal laufen zu lassen.
Kurz vor meinem 31. Geburtstag hat sich eine wunderbare Umstellung eingestellt und ereignet. Ich habe den Fokus komplett auf mich umgepolt & gerichtet.

Sprich, alles was ich war - bin & je sein werde - kam ins Licht des JETZT. Alles, was da ist - bleibt stehen & ruht - es ist wunderbar.
Ich bewege mich in einem wundervollen - lichtvollen Raum.

200

Zeit und Raum (ach, diese Sprache) bekommen eine völlig neue und bisher unbekannte Bedeutung - sie existieren nicht mehr.

In der Psychologie kann die Beschreibung eines solchen Befindens Alarmglocken auslösen - während die Spiritualität verschiedene Erklärungen und Antworten für solche Zustände hat. Solche wie Erleuchtung - „Kundalini " (Ausdruck aus dem Yoga / Indien) Erlebnis - Ruhen in sich selbst und so weiter und so fort.

Ich habe mich entschieden - meine Kanäle für alles, was ist - zu öffnen - meine Gedankenmuster zu rekonstruieren & so aufzulösen, Angst loszulassen, Zweifel zu integrieren & liebevoll vergehen zu lassen. Ich habe mich entschieden - mich selbst bedingungslos zu lieben & zu ehren - so dass ich allem, was da ist voller Gutmut – Demut & in liebender Bescheidenheit begegnen kann.

Dieses Buch & alles was Dir als Leser & spirituellem Wesen wie Geschöpf in ihm begegnet ist - alles was ich auf diesen Seiten Papier niedergeschrieben habe - um Dir als Botschaft zur Erinnerung - zu welcher ich Zugang gefunden habe – in mir selbst & so der Welt – ist Melodie – Ton – Gedicht – Poesie & Botschafter, welcher sanft bei Dir anklopft und Dich zum Tanz auffordert. So tanze – Arm in Arm mit Dir selbst.

Ich bin genau wie Du auf dem Weg, ich begegne leichten & schweren Themen & entwickle mich von Moment zu Moment.

Ich bin genau wie Du ein wunderbares Menschenwesen & ich habe mich mit & über die vorangehenden Seiten - innerhalb dieses Buches - meiner Entscheidung gewidmet – dass, was ich als Realität fühle - spüre & höre - zu materialisieren. Ich habe es in Form eines Buches umgesetzt – ein Buch, welches erklärt & aufzeigt, was es braucht um einen möglichen Weg zur Erleuchtung, den Weg des Alchimisten - zu beschreiten - zu gehen & zu bestehen. In Ruhe - in Frieden - in Liebe und Gleichmut - mit klarem Fokus und der Information der Liebe entsprechend.

Dieses Buch hat mich in seiner Fertigstellung beinahe den Verstand gekostet & dies aus zwei einfachen Gründen. All sein Inhalt & seine Aussage als solches haben über Nacht zu mir gefunden – zusammen mit dem Bewusstsein, ich werde es niederschreiben & dann kann ich all die gebündelte Energie wieder loslassen. Nun, dieses Bewusstsein war der erste Grund – denn es ist eine ungeheure Masse an Energie, die sich über die beinahe drei Jahre, welche sie mir innewohnte, anstaute. Neben Vollzeitjob – Beziehung – Auf & Ab wie es das Leben eben mit sich bringt – eine riesige Erfahrung – Danke.

Der zweite Grund war der Umstand, dass ich ja im Jetzt verweilen wollte – jedoch mein Kopf – mein Herz & mein Wesen besetzt waren (noch immer sind – ich bin in den abschliessenden Arbeiten) – von dieser gewaltigen Energie – die zum Übersetzen in Form von Text und Sprache – durch den Intellekt geschleust werden musste.

Das ist, als wenn ich Reis esse & mir gleichzeitig überlege, wie viele Reiskörner ich essen werde – wer sie geerntet hat – wo & wann sie geerntet wurden – wie sie in meinen Haushalt gefunden hatten – welches Wetter und welche Witterung & Umstände sie auf dieser Reise begleiteten & warum esse ich eigentlich Reis...

Aus der Liebe zu allem, was da ist – der Liebe zu Dir – zum Jetzt – dem Moment & der Welt, in der wir leben.

Mach Dich frei – stell Dich in Dich selbst – erfülle Dich mit Liebe – erinnere Dich, wer Du bist & weshalb Du hier bist. Im Namen der Welten – des Universums – allen Seins - ob gestern – JETZT oder morgen.

Und mit diesen abschliessenden Worten – verschiebe ich mich vom Denken ins Tun – zumindest für heute.

Dieses Buch - sprich, die enthaltenen Konzepte und Aufschlüsselungen - wurden massgeblich beeinflusst durch:

- Matrix Enercetix / Heilen erklärt anhand der Quantenphysik (Buch)
- Die Elohim (Buch)
- Alchemie / diverse Werke (Buch)
- Thooth (Buch eins)
- Werke des Dalai Lama (div.)
- Deepak Chopra (div.)
- Eckhart Tolle (div.)
- Die Akasha Chronik (div.)
- Einführung in den Buddhismus (Buch)
- Das Buch der Transzendentalen Magie (Buch)
- Avalon /die Nebel von Avalon / die Wälder von Albion (Buch)
- PSI Fähigkeiten (div.)
- Übersinnliche Fähigkeiten (Buch)
- Austin Gho / Kampfkunst und Chi-Meister
- Jürg Ziegler / Kampfkunst und Chi-Meister
- S.dos Santos / Naturheiler
- Mein Erleben und Erfahren / Praxis
- Meine Intuition / Eingebung
- Div. Werke der Freimaurer (Buch)
- Die Kybalyon (Buch)
- Du Sifu / Kung-Fu Teacher / Tashan Shaolin Kung-Fu Acadamy
- Dr. Wyne Dyer / Übersetzung des Taos ins Englische (div.)
- Neal Donald Walsch / Gespräche mit Gott (div.)
- Drunvalo Melchizedek / Aus dem Herzen leben (Buch)

Ich bedanke mich namentlich bei meinem Leben und Erleben und allem, was da ist für seine Einzigartigkeit und die endlose Liebe, in der ich lebe und arbeite.

DU_

Du bist ein Staubkorn in der Unendlichkeit des Moments sowie das Zentrum Deines Universums. Du bist Schöpfer sowie Schöpfung. Deine Gedanken sind das Ergebnis Deines Befindens und Seins, und so die Gestalter Deiner Realität und Deines Erlebens.

Amen - Te Tra Gram Ma Ton - So sei es - Ho o pono o pono – A mi to foa - Aloha - Namaste

-Sei gewiss und achtsam in jedem Moment Deines Erlebens-

Über den Autor dieses Buches

Ein Leben für Kung-Fu und die Liebe zu allem

 Heftig durchgeschüttelt wurde Tobias Senn, der Autor dieses Buches, in seinem Leben. Ob persönlich oder familiär – die teils schmerzhaften Ereignisse und die fast in den Wahnsinn treibenden, seelisch-depressiven Zustände brachten ihn zu tiefen Einsichten und Offenbarungen über sich und das Leben. Die damit verbundenen Bewusstseinsprozesse setzten neue Kraft- und Informationsquellen frei, welche ihn befähigten, dieses Buch zu schreiben.

Schon mit 15 Jahren entdeckte der 1980 in Saland bei Bauma im Tösstal geborene Tobias Senn sein Interesse fürs Schreiben, aber auch fürs Malen und Fotografieren. Gleichzeitig widmete er sich intensiv der körperlichen Ertüchtigung. Er übte sich in Thai Chi, Qi Gong und trainierte viele Jahre Süd Shaolin Lohan Kung-Fu, eine chinesische Kampfkunst. Bei einem Aufenthalt in China entdeckte er weitere Seiten des Kung-Fu, das der Shaolin-Mönche. In dieser Kampfkunsttechnik vereinen sich Weisheit und Tapferkeit, die einzigartige Fähigkeiten für den Menschen ermöglichen. Durch diese Kampfkunst, welche traditionell auf der ganzheitlichen Lehre von Körper, Geist und Seele basiert, gewann er tiefe Einsichten in den menschlichen Organismus sowie dessen Energie und es öffnete sich ein Tor für seine Energiearbeit.

Die Sehnsucht, einmal alles loszulassen führte ihn für einige Zeit auf Wanderschaft, auf der er für sich die Liebe zu allem, was da ist entdeckte. Seitdem prägt die Lebensweisheit „Wenn ich in Liebe bin und aus Liebe handle – dann bin ich immer zur richtigen Zeit am richtigen Ort" sein Leben. Genährt wurde diese Einsicht durch das Erleben eines neutralen und puren Glücksbefindens, das mit einer Öffnung des Bewusstseins und damit ein Eintauchen in die Unendlichkeit des Seins über alle Verstandesgrenzen hinweg verbunden war.

Über die vergangenen sieben Jahre erarbeitete er zusammen mit einem Lichtarbeiter Methoden zur Energetisierung des Körpers, zur Umprogrammierung des Unterbewusstseins sowie zur Strukturierung des Bewusstseins. Um seine Visionen in die Tat umzusetzen, gründete er 2012 das interkulturell-spirituelle Projekt „Our World", das sich zum Ziel gesetzt hat, das psycho-physische Gleichgewicht zwischen Mensch und Umwelt zu stabilisieren. Grundlage ist das philosophische Konzept vom Dualen-Sein zum Eins-Sein. Mit schmerzfreien Modellen will diese Stiftung erreichen, dass der Überfluss an materiellen Dingen allen Menschen zugutekommt und der Weltfrieden damit gesichert wird.

Sein Leben ist eine intensive Bewusstseinsreise, die zum Ursprung des wahren Selbst und damit zum Licht führt und einen neuen Menschen gebärt, der frei ist vom dualen und unbewussten Verhalten und sein unendliches Schöpfer-Potenzial entfaltet. In diesem Buch bezeichnet er diesen Weg als den Weg zur Liebe, der Liebe zu sich selbst und so der Welt.

Projekt und Stiftung „our-world"
Non Profit Institution: Wir sind - es hat im Überfluss - vom Geben & Nehmen

Aus Liebe zu Allem was Ist

Unsere Welt gehört uns! Wir alle sind mächtige Schöpferwesen und jeder von uns kann dazu beitragen, dass sich diese Welt zu einem Liebes-Planeten entwickelt, auf dem Frieden, Wohlstand und Fülle für alle eine Selbstverständlichkeit sind. Eine neue Welt, jenseitig von Profit, Gewinn und Macht. Diesem Ziel hat sich das Projekt „our-world" verschrieben, das vor einigen Jahren vom Autor dieses Buches aus der Taufe gehoben wurde.

Das Projekt, das zur Schaffung des Weltenfriedens beitragen möchte, stellt virtuell wie reell ein Sammelbecken für das Liebes-Bewusstsein dar. Kunst, Kultur, Philosophie und alle weiteren Wissenschaften sollen Ausdruck jeglichen menschlichen Potenzials sein - im Namen der Liebe. Konkret will das Projekt Raum geben z.B. für neue Modelle zur Erhaltung von Mensch und Natur, für das Umverteilen von Energie, für neue wirtschaftlich-kreative Vorhaben und auch für künstlerische Tätigkeiten. Es ist die Idee, gemeinsam zu wachsen und bewusst und gezielt den weltweiten Überfluss umzuwälzen, so dass alle Menschen daran partizipieren können.

Besondere Aufmerksamkeit wird den Kindern des Neuen Zeitalters gewidmet. Sie sollen in ihren Fähigkeiten gefördert und geschult werden, mit dem Ziel der Freilegung ihres unendlichen Potenzials (übersinnliche Fähigkeiten, Telepathie, Telekinese, Levitation, Astralreisen u.a.).

5 Inseln

Grundlage des Konzeptes von „our-world" sind 5 Inseln, die die ganze Bandbreite der Möglichkeiten zum Ausdruck bringen sollen.

Auf der **Insel der Harmonie** soll der körperliche Aspekt des Menschen im Mittelpunkt stehen. Durch optimales und ganzheitliches Training, wie mit Shaolin Kung Fu, Tai-Chi, Qi-Gong werden Körper und Geist des Menschen gestärkt. Das ermöglicht, ein gesundes und uneingeschränktes Leben zu führen.

Die **Insel des Geistes** widmet sich der Bewusstseinsarbeit, mit dem Denken und dem Ego. Mit Mantras und Meditationsübungen soll das Unterbewusstsein umprogrammiert werden. Damit soll der Mensch von seinem unbewussten und dualen Denken befreit werden und sein unendliches Schöpferpotenzial soll entwickelt werden.

Die **Insel des Körpers** ist dem Heil-Sein gewidmet. Mit energetischen Massagen, Tai-Chi, Qi-Gong und Meditationen soll der Mensch sich harmonisieren und heilen - und damit die Welt.

Die Pflege und Reinigung der Erde steht im Mittelpunkt der **Insel von Ulru**. Dazu beitragen sollen Show-ups von Thai-Chi, Qi-Gong, Shaolin, sowie Improvisations-Theater zum Thema Freude und Liebe, Umarmungen der Natur und Menschen und gemeinsame Meditationen für den Planeten.

Auf der **Insel des Erschaffens** soll Platz und Raum sein für Kreationen und Netzwerke für frei-denkende Künstler, Intellektuelle und Philosophen, die im Namen der Liebe arbeiten und sich ausdrücken möchten. Unterstützt werden Projekte und Aktionen wie Mal-Workshops, Ausstellungen, Buchkreationen und Darstellungen von Bild und Ton.

Das Projekt richtet sich an Menschen, die auf der Grundlage eines philosophischen wie ethisch-moralischen Ansatzes mit Mut, Authentizität sowie Wahrheit und Klarheit eine Neue Welt errichten wollen. Gesucht werden Mitwirkende, Ausführende und auch Unterstützer und Förderer.

Jeder zählt - Du - Wir - Ich & Alle - Our World ist ein Pool - das Liebesbewusstsein sammelt - um es gebündelt - reel wie virtuell in die Welt hinaus zu projizieren - frei von Hierarchie, Formen & Profit - aus dem Bewusstsein heraus, dass ich es kann & so Du auch & so wir alle - im Namen der Spezies Mensch & der Evolution - weil es schön ist & Sinn macht.

Informationen zu diesem Projekt sind auf der Web-Seite www.our-world.ch erhältlich.